Success15 fifteen

サクセス15
August 2016
8

http://success.waseda-ac.net/

CONTENTS

本当の変化を体験できる夏

効果的な勉強で変わるよ。

密度の濃い学習によって
新学期から好スタート!

一人ひとりを見つめた指導で変わるよ。

抜群の指導力を持った講師の授業と
学力別少人数制クラスでどんどん伸びる!

本気を引き出して変わるよ。

講師やライバルたちからの刺激で
学習意欲が高まる!

今だけ2大特典 キャンペーン

特典1
7/31(日)までにお問い合わせ頂いた方全員に!
早稲田アカデミーオリジナル「クリアフォルダ」プレゼント!!

特典2
7/31(日)までに入塾手続きをされた方全員に!
早稲田アカデミーオリジナル「わせあかぐまペン(4色のうち1本)」&「ペンケースセット(ブルーまたはレッド)」プレゼント!!

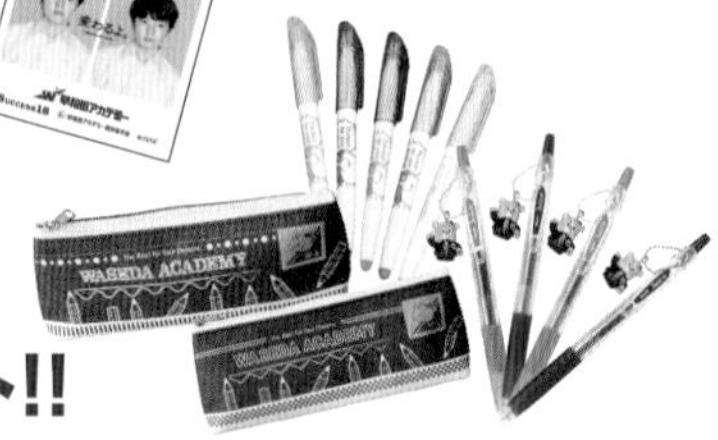

夏期講習会 感想文

苦手科目の克服と得意な英語のレベルアップ

[中1 T・Wさん]

私は国語が苦手だったけれど、夏期講習会の国語はわかりやすくて、とてもよかったです。問題を解くポイントなどがわかりました。知らないこともたくさんあったけれど、授業がわかりやすかったので、新しいことがたくさん身についた気がします。

数学では、一学期の復習がたくさんできました。問題をたくさん解いて、計算スピードも少しは速くなったかなぁと思いました。

英語は三教科の中で一番得意な教科で、少し難しい問題もできてよかったです。ますます得意になりました!!

夏期講習会で、復習ができ、また新しいこともたくさんわかってよかったです!

確実に実力をつけました

[中3 K・Kさん]

今の私には達成感があります。1日4時間の講習、部活、合唱団などハードスケジュールの中、最後までやり通せたことが、今私が感じている達成感につながっているのだと思います。

夏休み前の自分は応用的な問題をやってもその次の週には忘れていたり…と、なかなか自分の頭に入っていかなかったけれど、夏期講習を受けてからは応用的な問題が少しずつできてきたり、今まで苦戦していた問題も解けるようになってきたと思います。特に国語の入試演習では偏差値が少しずつ上がってきているのを自分の目で確かめられたことが印象に残っています。

夏期講習の間、たくさんの人に支えられたおかげでここまでやり通せたのだと思うし、自分の力を少しずつ伸ばしていけたのだと思います。これからも3R1で自分の力を第一志望校へむけて伸ばしたいです。

お問い合わせ頂いた方に
「夏期講習会冊子」をお送りします。

中2 中3 夏期合宿

2016 SUMMER SCHOOL
本気★感動★夢★可能性

夏期合宿が君を合格へ導く!

2016年入試も早稲田アカデミーは素晴らしい合格実績を残すことができました。その大きな原動力となったのが、間違いなくこの夏期合宿です。先生と生徒の本気と本気がぶつかり合う真剣な授業。合格という同じ目標を持ったライバル達との切磋琢磨。勉強に集中できる最高の環境。夏期合宿には成績向上のための全てが凝縮されています。君も早稲田アカデミーの夏期合宿で、志望校合格へ向けた大きな一歩を踏み出そう!そして一生忘れられない感動を手に入れよう!

お電話で 03-5954-1731
本部教務部 受付時間10:00～20:00

パソコン・スマホで 早稲田アカデミー 検索

夏期講習会CM、公開中

東大百景
トーダイってドーダイ!?

大学生の休日の過ごし方を紹介

VOL.5　text by ケン坊

7月もなかばに入り、夏本番ですね。もうすぐ夏休みということで、みなさんの胸も高まっているのではないでしょうか？　私は7月末に期末テストがあるため、8月号が発売されるころには、試験勉強に追われていることでしょう。

さて今回は、7月=夏=夏休み=遊び、ということで（もちろん夏休みは勉強も大事ですよ!）、前回いつかお話ししたいと言っていた大学生の「遊び」について話します。

前回、「大学生は受ける授業を自分で自由に決められる」という話をしました。学部や学科によっては、平日丸1日休みを作るのも可能、ということでしたね。大学生はこの授業がない日を遊びに利用することもあります。1日程度の休みならば、みなさんと同じように友だちとどこかへ出かけたりしています。

そして、2~3日の休みができると、1日目の朝に車で出発し、少し遠出をして観光したりして現地の宿に泊まり、翌日以降に帰ってくる、といった大学生ならではの「遊び」が可能になります。具体的には、夏は海などのリゾート地、冬はスキー場などに遊びに行くことが多いです。

そして、夏休みや冬休みのように数週間単位での休みができると、アルバイトなどで貯めたお金を使って海外旅行や海外留学をすることもあります。大学生は中高生と違って宿題が出されることが少ないので、休みを自由に使えるのです。

ちなみに私も昨年の夏休みに、部活動の先輩たちといっしょにアメリカのニューヨークへ行ってきました。行きと帰りの飛行機での移動時間を含めて、1週間ちょっとの旅行でした。じつは日本の外に出るのが初めてだったので（しかも大して英語はしゃべれません）、最初は非常に緊張していました。

そのせいで、アメリカへ入国するとき、現地空港の職員に怪しまれ、「お前本当に観光客か？　不法滞在しに来てるんじゃないだろうな？」と怒られてしまいました…。しかしその後は先輩方の優しいなぐさめもあり、とても楽しい時間を過ごすことができました。いまとなってはすべていい思い出です。

このように大学生の「遊び」はとにかくなんでもありなのです。みなさんも大学生になったら色々な「遊び」をして大学生活を楽しんでほしいと思います。でも、勉強もしっかりしましょうね！

今月のすごい東大生

新潟から来た超ストイックな旅人

今回登場するのは、先ほどの海外旅行の話に関連して、新潟出身で海外旅行が趣味のKくんです。大学進学とともに東京で1人暮らしを始めた彼は非常に質素な生活をしており、冬場は暖房を使わずコートと毛布だけで寒さをしのいでいたそうです。彼いわく「新潟よりはマシ」。なんと説得力のある言葉でしょう。

さて、彼の趣味は海外旅行、というか文字通りの「旅」です。東大の夏休みはおよそ2カ月（とても長いですよね）あるのですが、彼は1年生の夏休みの60日のうち、なんと40日を海外で過ごしていました。聞くところによると、ベトナムやタイなど、東南アジアの各地を転々としていたそう。普段質素な生活をする彼は海外でも質素で、食費や移動費、宿泊費などあらゆる費用を節約していたのです。1日数百円で過ごした日もあったとのこと。彼はいったいなにをめざしているのでしょうか（笑）。海外好きが高じたのか、もうすぐ留学するのですが、留学のときぐらいもう少しぜいたくな生活をしてもらいたいなと思います。

生活面から勉強面まで

夏休み攻略の手引き

長いようで短い夏休み。部活動に励んだり、家族や友だちと楽しい時間を過ごしつつ、勉強にもしっかりと取り組みたいものです。そのためには、計画を立てて過ごすことが大切です。とくに中3にとって夏休みは「受験の天王山」ともいわれる重要な時期なので、勉強計画をきちんと立ててレベルアップを図りましょう。中学生のみなさんが有意義な夏休みを過ごすために、どのようなことに気をつけたらいいのか、生活面から各教科の勉強内容まで、詳しくまとめました。また、各ページには、難関校に通う高1の先輩3人による、中3の夏休みにおける体験談やアドバイスもあります。中3はもちろん、中1・中2にとっても役立つ内容だと思うのでぜひ読んでみてくださいね。

慶應義塾高等学校
S.K.くん
所属していたソフトテニス部の引退は中3の9月。夏休み中も部活動と受験勉強を両立していた。英語は得意で、国語と数学が苦手。

埼玉県立浦和第一女子高等学校
C.N.さん
中3の6月にバトミントン部を引退。すぐには気持ちが切り替わらず、7月ごろから受験モードへ。数学と理科が苦手で国語が得意。

渋谷教育学園幕張高等学校
H.R.さん
部活の代わりに週1で習い事をしていた。中学では、英語を日常的に話す機会があったため英語が得意。国語も得点源。

計画の手引き

まとまった時間がとれる夏休み。学力向上に向け、しっかりと計画を立てて過ごしましょう。

計画を立てるにあたっては、まず初めに、部活動の練習や塾の夏期講習、家族旅行など、外せない予定を確認することから始めます。そうすることで、１日空いている日、午前しか空いていない日など、勉強時間として確保できる日や時間がはっきりして、計画が立てやすくなります。

しかし、いくら時間が空いているからといって計画を詰め込みすぎるのは禁物です。中３は「とにかく勉強しなければ」と気持ちが焦るかもしれませんが、例えば、午前中に塾や部活動の練習があるのに、家に帰ってから８時間勉強するといった現実離れした計画を立てても、達成するのは難しいでしょう。達成が困難な計画よりも、現実的な計画を立て、その計画通りに行動することで達成感を得た方が勉強のモチベーションの維持にもつながります。

また、夏休みは普段の学校や塾がある日とは異なり、１日のどの時間帯に勉強するかも自由です。人それぞれ勉強がはかどる時間帯があるでしょうから、朝と夜どちらが向いているのか、色々と試してみるのもいいでしょう。

勉強の内容は、まず１学期の復習から始めるのがおすすめです。１学期の学習内容を振り返ることで、自分の得意分野、苦手分野がわかります。２学期に向けて得意分野はさらに得意に、苦手分野は夏休み中に克服してしまいましょう。

とくに中３は、この時期に苦手分野を放置しておくと、直前期に手遅れになりかねないので、しっかりと苦手を克服し、合わせて、中１・中２の復習もしておきましょう。

そのほかの勉強内容については10ページから教科別にまとめてあるので参考にしてください。

先輩の声

ぼくは勉強の計画は立てずに、１日のなかでそろそろ勉強した方がいいかなと思ったときに勉強を始めていました。でもいま振り返ると、夏休みは成績が伸びるチャンスなので、ある程度計画を立てて勉強した方が効率的に勉強できると思います。計画を立てていた友だちは、計画通り行動するために、塾終了後にみんなで話していても、ある時間になると帰っていました。自分はつい話しすぎてしまうので、すごいなと思いました。（S.K.くん）

中３の夏休みは塾のカリキュラムに沿って勉強して、自分で勉強計画は立てませんでした。でも、もし塾に通わない場合は、しっかりと計画を立てて、中１、中２の復習や、それまでのテストを解き直して満点をめざしたり、模試の過去問を使ってすでに学習した単元の問題を解くといいと思います。（C.N.さん）

私は１日の勉強計画をその日の朝に立てていました。塾は13時～21時半までだったので、早いときは朝９時くらいから塾へ行き、午前中はずっと塾の自習室で勉強していました。内容は基本的に、前日の講習で習ったことの復習と学校の宿題でしたが、科目ごとにノルマを決めて、そのノルマは必ずこなすようにしていました。もしノルマが残ってしまったときは、帰宅後も勉強していました。（H.R.さん）

生活の手引き

まず、生活面で気をつけてほしいのは、勉強の合間にリフレッシュの時間もとるようにすることです。先ほど計画の立て方をお話ししましたが、休憩の時間もうまく組み込むようにしてください。

塾の夏期講習や部活動、学校の宿題など、夏休みはやるべきことがたくさんありますし、「夏休みの間にもっと勉強しなければ…」と休憩をとる時間ももったいないと考える人もいるかもしれません。勉強を頑張りたいという気持ちはもちろん大切ですが、勉強だけをしていては途中で息が詰まってしまうかもしれません。

ほどよく息抜きを取り入れることで気分転換ができ、また新たな気持ちで勉強に取り組むことができます。だらだらしてしまいそうな人は10分、30分、1時間、とあらかじめ時間を決めて休憩するといいでしょう。

そして、夏休みは次の日も、その次の日も学校が休みですから、夜遅くまで起きていたり、お昼まで寝ていたり…と生活が不規則になりがちです。しかし、寝る時間や起きる時間にばらつきがあると、生活のリズムが崩れてしまいます。

この季節はただでさえ蒸し暑い日が続きます。生活リズムの乱れは体調不良にもつながりますから、規則正しい生活を送ることを心がけましょう。とくに予定がない日も、毎日ある程度決まった時間に起き、夜もあまり夜更かしをせずに同じ時間帯に眠るようにしましょう。

また、1日休みだからとつい朝ご飯を抜いてしまったり、暑いからといってご飯をしっかり食べない人もいると思います。食事や水分をとらないでいると、夏バテや熱中症になってしまうこともあります。健康に過ごすためにも、食事をしっかりとり、こまめに水分補給をすることが重要です。部活動をしている人はとくに注意してください。

先輩の声

生活面では、毎日3食欠かさず食べることを大切にしていました。また、中3の夏休みも部活動が週に3～4日あったので、部活動と塾の夏期講習の両立が大変でした。午前中部活動があるときは早く起きて、ない日は少しゆっくり起きてテレビを見たりと、息抜きしてから塾へ行っていました。部活動がある日は朝息抜きができないぶん、自習の時間を少なくしたりして、意識して休憩をとっていましたね。(S.K.くん)

夜は11時や12時に寝て、朝は7時に起きることが多く、夏休み中は睡眠時間が6時間をきることはなかったと思います。夏を乗りきるためによく寝ることを心がけていたんです。午後は暑くなってくるので、汗をかいたりして気が散ることもあります。でも、朝はまだ比較的涼しいので、勉強もはかどりました。夏は朝から勉強するのがおすすめです。(C.N.さん)

塾がない日は、勉強時間を少なめにして、寝て疲れをとったり、好きな小説を読んだりしてリフレッシュしていました。あと、気をつけていたのは生活リズムを崩さないようにすることです。塾の夏期講習がある日は授業時間前に行って勉強しているうちに、自然と勉強するリズムも身についてきました。(H.R.さん)

勉強の手引き

国語　まとまった時間が取れる夏休み 読解問題演習に取り組もう！

まとまった時間を取れる夏休みに取り組んでおきたいのが読解問題演習です。国語は、数学や英語のように、単元学習を積み重ねていく科目ではなく、学年が進むにつれて少しずつ文章のレベルがあがっていく科目です。そのために、苦手な人はとくに、いったいどこから手をつけていけばいいのかと迷うことでしょう。そうしたなかで学力を養っていくために、読解問題に取り組みましょう。受験学年の中3に限らず、中1・中2のみなさんも、いまから継続していくことで、徐々に読解力が身についていくはずです。

さらに、解くだけではなく、答えあわせをしっかりと行い、わからなかった部分の解説を読む、といったことも大切です。ただ正解だった、間違ってしまった、で終わってしまうと、なかなか読解力は身につきません。答えに該当する部分が問題文のどこにあたるのか、なぜ違う部分を抽出してしまったのかなど、正答にたどりつくためにはなにが必要だったのかを理解するように努めましょう。そうすることで、同じ間違いを繰り返さず、確かな読解力を培うことができます。記述問題の場合は、模範解答の別解を自分で考えてみるのもいいでしょう。

夏休みは、こうした読解問題演習に加えて、漢字や文法、古文の単語、文学史などの暗記分野を合間に勉強するようにしましょう。また、古文を苦手とする人は、読解問題演習と並行して、古文に取り組むことを意識してみてください。慣れるまでは大変ですが、毎日続けることで習慣化できてくるはずです。

先輩の声

古文と漢字と文法と作文をやっていました。埼玉県の公立入試は大問2の文法や漢字、4の古典、5の作文で合計50点取れないと受からないと言われていました。作文は直前に勉強してもなんとかなるものではないので、この時期から過去問をいくつも解いて添削してもらいました。（C.N.さん）

夏休みは漢字をよく勉強していました。元々、漢字が得意で得点源でしたが、肝心なときに漢字が出てこないことが時々ありましたので、細部で間違えないためにも、反復は大事だと思います。

あとは塾で読解問題を多く解く機会があったので、それを活用しました。なかでも記述問題は、機会があったときには塾の先生に見てもらったり、ポイントなどを聞きにいきました。記述問題は苦手だったけれど、先生から「問われていることは抜き出し問題と同じようなことだから、それを使って加工していくんだよ」などの解き方のコツを教えてもらったので、参考にしていました。時間はかかりましたが、最終的には記述問題に対する苦手意識は克服できたと思います。（H.R.さん）

数学

新学期につまずかないために 復習は演習中心にしっかりと

数学は単元ごとに積み上げていく科目ですから、これまでに学習したことが身についていれば次の新しい単元に入りやすくなります。ということは、すでに学習した内容が身についていない、あるいはつまずいている部分がある場合には、新しい単元の理解に苦労するということでもあります。ですから、夏休みはまず1学期の復習や、苦手分野の克服を重点的に行いたいところです。

その際に気をつけたいのが、数学は公式などを覚えるだけでは正答を導けないということです。どの公式や解き方を、どの問題のどの部分で使うべきかを、実際に問題を解いていくなかで定着させられるように、演習を続けることが大切です。夏休みは学校がある時期よりも時間がとれますから、簡単な問題からスタートして、何度も繰り返すなかで基礎力を養っていきましょう。

学年別に見ていくと、中1は「正負の数」と「文字式の計算」、「方程式の文章題」に不安がないか、しっかり自分のなかで応用問題まで解けるようになっているか確認してみましょう。

中2は「連立方程式」と「文字式」の計算力を高めることに注力します。

そして受験学年の中3は、人によって対応策が変わってきます。上位校を志望しているのであれば、夏休みの間に単元の復習を終え、総合的な演習に入っていきたいところです。中堅校を志望しているのであれば、苦手とする人も多い図形単元を夏休みで基礎から着実に身につけて、総合演習は2学期から挑んでいきましょう。

そして、ここまで見てきたような勉強をするなかで、ケアレスミスをなくすような努力を同時に行ってみましょう。問題のレベルに関係なく、演習のあとには見直しは必須です。そこでケアレスミスを見つけたときに、漠然と「次は気をつけよう」と思うだけでは、また繰り返してしまうことでしょう。どうしてこうしたミスが出たのかを、自分で分析するクセをいまからつけておくことが、これからに必ず生きてきます。

先輩の声

まず、塾の授業で取り組んで間違えた問題に青ペンで丸をつけて、どこを間違ってしまったかわかるようにしておきます。そのなかで、授業中の解説を聞いてわかるものもありますが、それでも解けないものは本当に苦手だとわかるので、家に帰ってから解説を見たり、実際に解き直して復習していました。

夏休みの後半からは、応用問題にも取り組み始めました。数学は苦手だったので、苦手だからこそ応用問題も解けるようになりたかったんです。インターネットで検索すると色々な応用問題が出てくるので、気になる問題があったら解いてみました。(S.K.くん)

数学は苦手で、最後の最後に伸びましたが、いま振り返ると中3の夏休みは耐え忍んだ時期だったと思います。とにかく公式や定理を覚えないと意味がないし、知っているだけでも意味がないので、問題演習も頑張りました。(C.N.さん)

授業でやった問題の解き直しや、計算問題をたくさん解きました。数学が苦手ということはなかったのですが、とくに計算ミスが多かったので、計算問題の数をこなすことで対策しました。(H.R.さん)

英語

復習と苦手克服を中心に 中3は長文にも挑戦しよう

夏休みの英語学習は、復習と苦手部分の克服を意識することがポイントです。中1～中3のどの学年も、1学期の復習を中心に勉強を進め、そのなかで苦手なところや理解が不足していると感じる部分があれば、その解消に時間をかけていくことが大切です。

とくに中1のみなさんは、中学校に入って英語の学習が始まったばかりですから、学習内容も今後の英語力の基礎となる大事な時期だということを意識してください。いまの時点で苦手意識や弱点になりそうな部分を残したままだと、今後の英語学習に大きく影響してきますので、夏休みのうちにしっかり勉強しておきましょう。

中2も中1と同様に、復習と苦手部分の克服に対応しましょう。また、中2の2学期以降に学習する内容は、高校受験に直接つながるような重要な単元が続きますので、勉強に余裕のある人は文法の先取り学習に取り組んでください。先取り学習には、英検4級の問題集を使うのがおすすめです。2学期以降に習う文法単元の解説や問題がまとめられているので、先取り学習に最適です。

中3の受験生は、1学期の内容だけでなく、中1・中2の復習も行います。また、高校受験対策として、長文問題に触れる学習も取り入れてください。逆に中1・中2の時点では、まだ文法や語彙《ごい》の知識が長文問題に取り組めるほど固まってはいないので、無理にやらなくても大丈夫です。

夏休みには、こうした勉強に加えて、単語や熟語の暗記に取り組むのもいいでしょう。コツは、暗記するときに単語の意味だけでなく、発音も覚えるように意識することです。発音がわかっていれば、つづりも覚えやすくなるので、暗記の効率があがります。単語の発音が収録されたCDがついている単語集などを活用するといいでしょう。

先輩の声

夏休みは文法固めに力を入れました。復習用ノートに間違えた問題を全文書き込み、そのときに間違えた文法や単語のところだけ赤字で書くようにすると間違えた部分がひと目でわかってよかったです。その下に日本語訳もいっしょに書いておきました。夏休み後、過去問に取り組み始めたとき、文法問題のミスがほとんどなかったし、文法がわかると長文も読みやすくなっていたので、基礎固めをしておいたのが役立ったと感じています。

長文は時間がかかっても確実に解くようにしていました。塾のテストでは、早く解き終わった人よりも高い得点をとれていたので、夏休み以降もそのスタイルを継続していました。(S.K.くん)

8月ごろから英語の長文問題や英作文にも取り組み始めましたが、知らない単語に出会うことも多かったので、もっと語彙を増やしてから取り組めばよかったです。(C.N.さん)

英語は得意でしたが、熟語の暗記は苦手だったので何度も書いて覚えました。でもいまは、声に出して暗記すればよかったと思っています。高校生になってから音読を始めたら、頭にすっと入るし、記憶も定着しやすいことがわかったんです。もしリスニングが苦手であれば、英検用のCDなど、英文が収録されたものを活用して、日常的に英語に触れる、というのも手だと思います。(H.R.さん)

社会　怠けていると大変なことに…学年ごとにしっかりと対策を

社会は暗記が前提の科目なので、地道に勉強を続けていれば、その成果が得点に表れます。逆に怠けてしまうと成績が伸びない科目ですから、受験直前になってまだ暗記が不十分な部分が多くて焦ることのないように、夏休みには、短時間でもいいので毎日取り組むことが大切です。なかなか社会の勉強時間が作れないという人は、電車やバスの移動時間など、ちょっとした隙間時間を利用して少しずつ暗記するのがおすすめです。

中１は日本地理です。地図帳を活用し、少なくとも各都道府県別の産業について自分の言葉で説明できることをめざして勉強しましょう。

中２は歴史。江戸時代前までの政治史を中心に復習します。自分で歴史を物語として語れるようになるのが理想です。歴史小説などを読んで歴史に親しむのも効果的です。

中３は公民の勉強と、中１・中２の復習に取り組みます。公民の内容は抽象的で難しく感じるかもしれません。普段からテレビのニュースや新聞など、社会の出来事に関心を向けるように心がけ、社会的なものの考え方を育んでいきましょう。

先輩の声

社会の勉強は後回しにしてしまいがちでしたが、歴史は夏休み中に教科書を見て、流れと重要人物を押さえてから、重要語句などを覚えました。歴史好きな父と話したことも記憶定着の助けになりました。(H.R.さん)

理科　１学期の復習が最優先事項　暗記のコツは連想ゲーム

理科も社会と同様に暗記が重要な科目です。また、理科は各学年によって学習内容が異なりますので、中１で学んだ内容は中１のうちにしっかりと理解し、中２の内容も同様に中２のうちに身につけておく、というように各学年ごとに学習内容をきちんと理解しておくことがポイントです。

夏休みの勉強も、１学期の復習を最優先とし、受験科目に理科のある中３生は、中１・中２の復習にも力を入れるようにしましょう。

社会・理科は国語・数学・英語の３教科とくらべて勉強時間が少なくなってしまう傾向がありますが、社会と同じように、たとえ短時間であっても毎日コツコツと取り組み続けることが成績アップの秘訣です。

また、暗記が苦手な人は、ただ丸暗記するのではなく、連想ゲームのように覚えていく方法がおすすめです。１つの言葉から色々なことをつなげて覚えるように心がけてみてください。そうすることで、知識が「点」から「線」のようにつながった状態で記憶され、忘れにくくより強固な記憶として頭に残るのです。

先輩の声

私は理科が苦手でなかなか頭に入らず、暗記項目をひたすら書いて読んで、寝る直前まで音読して覚えました。記述問題は、教科書通りに書けば基本減点されないと聞いたので、教科書を熟読していました。(C.N.さん)

ここに、君が育ち、
伸びる高校生活がある。

わたしたちの学校は、勉強に、行事に、そして部活動にも燃える、活気と充実感のある高校です。
「特進」・「コース制」を採用せず、全員に総合的学力と進学学力をつけることをめざしています。

学校見学会

7/16（土）
8/ 6（土）
8/27（土）

■「学校紹介ビデオ」放映
■「模擬授業」
■「教育内容」説明
■「学校施設・設備」見学

◆ 14：00開始　◆申し込みが必要です

学院祭（文化祭）

10/ 9（日）・10/10（月祝）

◆学院祭当日も学校説明会を実施します
10：00 開会
◆申し込みが必要です

■2016年3月・卒業生進路状況

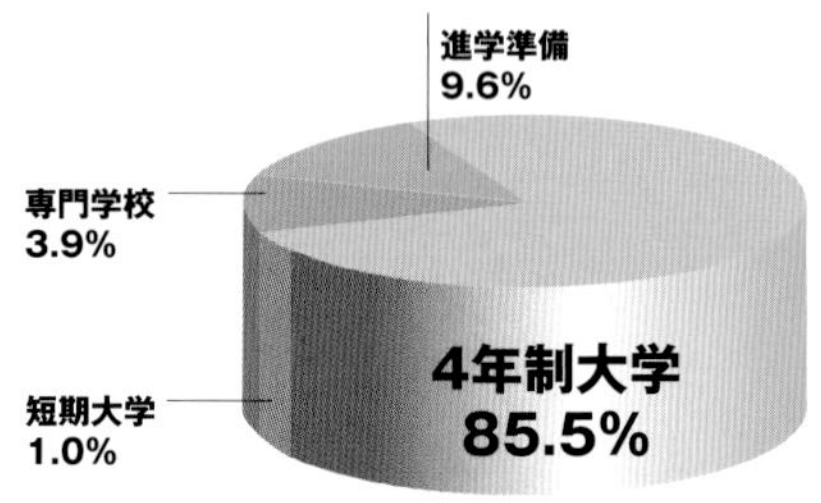

●見学会が終了後、個別の「受験相談コーナー」があります。
※「申し込み」は個人でお電話か、HPの「お問い合わせフォーム」よりお申し込み下さい。
※9月以降は学校説明会を予定しています。

正則高等学校

●申し込み・お問い合わせ 03-3431-0913 ●所在地：東京都港区芝公園3-1-36
http://www.seisoku.ed.jp

▶日比谷線・神谷町
▶三 田 線・御成門
いずれも徒歩５分
▶浅 草 線・大　門
▶大江戸線・赤羽橋
いずれも徒歩10分
▶南 北 線・六本木一丁目
▶Ｊ　　Ｒ・浜松町
いずれも徒歩15分

文章力 表現力 が伸びる！

語《ご》彙《い》力アップのススメ

高校受験での記述問題や作文、面接での自己アピールなどはもちろん、自分の気持ちや意見を他者に伝える機会は、成長するにつれてどんどん増えてきます。こうした場面で役立つ能力の１つが、「語《ご》彙《い》力」です。言葉をたくさん知っていることが、どのように文章力や表現力の伸長に結びつくのか、そして語彙力を増やすにはどうすればいいのか、産経新聞編集委員の大野敏明さんにお聞きしました。

語彙《ごい》力を豊かにすることは豊かな人生を送るうえで必要

本誌で「Success News サクニュー!」連載中　産経新聞編集委員　大野 敏明

みなさんは手紙を書きますか。現代の若者の多くはあまり手紙を書かないようですね。パソコンやスマホのメールがほとんどでしょう。親しい関係だと、LINEでやりとりすることもあると思います。スマホのさまざまな絵文字で自分の言いたいことを伝えたり、LINEだとスタンプで意思疎通を図ったりすることがあると思います。

しかし、絵文字やスタンプばかりを多用していると、語彙力が不足しがちになります。語彙力が不足すると、本当に自分の伝えたいことや、相手が言いたいことを理解することが難しくなってしまいます。将来、自分の意見を発表しなくてはいけないときや、プレゼンテーションをするときなどに、語彙が不足していると、相手を説得したり、納得させたりすることが難しくなるのです。相手は学生時代の友人ではないので、絵文字やスタンプですますわけにはいきません。ですから語彙力を豊かにすることは、豊かな人生を送るうえでとても必要です。

語彙力があると感情を豊かに表現できる

そこで、どうすれば語彙力をつけることができるのか、について考えてみました。語彙とはなんでしょうか。簡単にいうと単語のことです。単語だけでなく、熟語や言い回しなども含まれます。

例えば、とても嬉しい感情を相手に伝えたいとき、あなたはどうしますか。それが手紙であれ、メールであれ、ただ単に「私は嬉しい」と書いて、相手に自分の本当の気持ちが伝わるでしょうか。絵文字やスタンプだったら、「嬉しがっているな」とは伝わっても、どのように嬉しいかはなかなか伝わりませんね。そういうときに語彙力があると、自分の感情を豊かに表現できるのです。

例をあげてみましょう。

「天にも昇るくらい嬉しい」「飛びあがらんばかりに嬉しい」「目尻が下がる」「嬉々として」「満足」「愉快」「幸甚《こうじん》」「有頂天」「喜色満面」「欣喜雀躍《きんきじゃくやく》」「気分爽快」。色々ありますが、同じ「嬉しい」でも場面、状況、相手によって使い分けができますし、「嬉しさ」の中身を表わすこともできます。

味の「からい」はどうですか。ただ「からい」だけではどうからいかわかりません。「塩からい」「あだ塩がらい」「だだがらい」「甘からい」「えがらい」「激から」などがあります。

「赤」を表わす言葉もたくさんあります。「赤」「真っ赤」「紅《くれない》」「紅《べに》」「朱《しゅ》」「朱《あけ》」「丹《たん》」「丹《に》」「紅蓮《ぐれん》」「緋《ひ》」「茜《あかね》」「臙脂《えんじ》」などなど。さらには「レッド」「ワインレッド」「ストロベリーレッド」など英語でも複数あります。

味覚や色彩などには豊富な語彙があり、それらを使い分けられることができれば、事実や自分の感覚をより正確に伝えられ、人からの信頼度もあがります。

日本語の特徴から学ぶ語彙力の重要さとは

さて、みなさんは「日本語の二重性」ということをご存じですか。

日本語は古代に漢字や漢字語（音読み）が伝わる前から存在していま

大野さん厳選 語彙を増やすオススメ小説

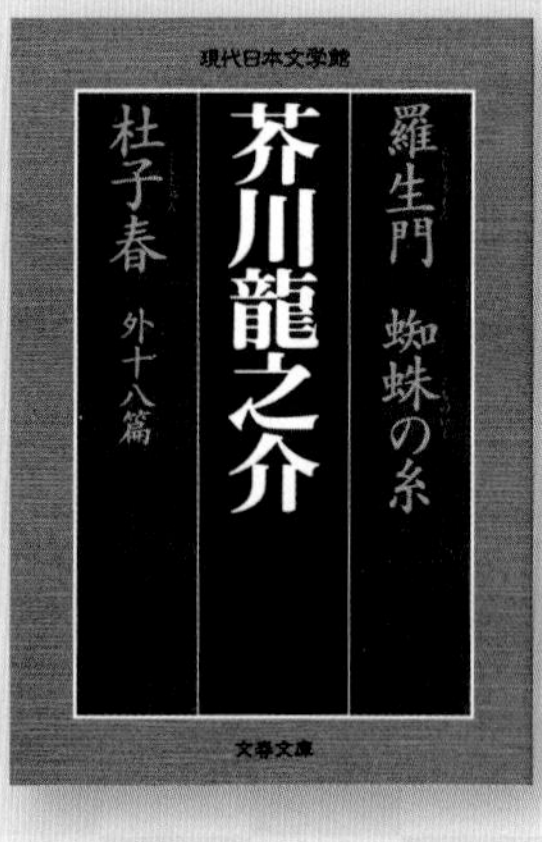

芥川龍之介
『芋粥』・『杜子春』
『羅生門 蜘蛛の糸 杜子春 外十八篇』より
560円＋税　文春文庫

「『芋粥《いもがゆ》』は時代背景が平安時代であるため、現代はあまり使われなくなった身分、儀式、行事、食物などに関する単語が多く登場します。同じく『杜子春《とししゅん》』は舞台が中国ですから、漢字語が多用されており、仏教用語も豊富です。芥川の小説は短編が多く、中身もおもしろく、古い時代を描いたものが多いので、手にとって見る価値はあると思います。」

語彙力アップのススメ

大野さん厳選
語彙を増やすオススメ小説

夏目漱石
『吾輩は猫である』
630円＋税　新潮文庫

「漱石は江戸っ子なので、やや江戸弁的で、『江戸ことば』がふんだんに出てきますが、語彙の豊富さからいうと近代日本文学ではトップクラスでしょう。漱石のすごさは江戸時代の文化の香りを残しつつ、明治になって現れた近代の言葉が縦横に駆使されていることです。しかも庶民の言葉で書かれているので、現代人が読んでも違和感がありません。」

した。それらの言葉を「和語」といいます。「やまとことば」のことです。ちなみに「やまとことば」は「大和言葉」と漢字で書きますが、これは訓読みですから漢字語ではありません、逆に「和語」は「やまとことば」のことですが、音読みですから漢字語です。ややこしいですね。

「やまとことば」しかなかった日本に、6世紀になって漢字や漢字語が流入しました。例えば「歩くこと」を「あるく」といいますね。これは「和語」ですが、漢字語では「歩行」といいます。「山道」も「やまみち」と読めば「やまとことば」ですが、「さんどう」と読めば漢字語になります。これが日本語の二重性です。

多くの人は小学生くらいまでは、文章も会話も「和語」が中心です。「あした、みんなでやまにのぼろう」「ごはんがたべたい」といった具合です。しかし、年齢が進むにつれて和語は減って漢字語が増えます。公文書などは漢字語だらけになります。「明日、全員集合して登山をしよう」「食事がしたい」というふうになります。

我々日本人はこうした二重性を使い分けているのです。若いときや仲間同士などでは「和語」中心の会話になりますし、公の場や文書などでは「漢字語」中心になります。状況によって使い分けているわけです。

もし、社会的な地位のある人が「和語」ばかりで話をしたら、幼稚に聞こえるでしょうし、中学生が漢字語ばかりで話をしたら、固く重苦しい雰囲気になります。したがってこうした使い分けができないと、その場その場でふさわしくない言い方をしてしまいがちになります。そのためにも語彙を増やして二重性に対応できるようにしていかなくてはなりません。小学校低学年の児童が「残滓《ざんし》ってなに？」と聞いたら、「残りカスのことだよ」と答えられないといけないし、「残りカス」は化学用語では「残滓」のことだ、ということになります。地理で「堆積物」と習ったのに、「うずたかくつもったもの」と解答しても得点にはならないでしょう。

こうした極端な二重性は日本にしかないといわれており、確かに不便な面もありますが、二重性があるからこそ、日本語の表現は豊かだ、ともいわれています。

現代ではさらに英語を中心とした外来語も市民権を持ちつつあることから、日本語は二重性から三重性になりつつあるとも指摘されています。「ぼくのともだち」と言っても、「ボクの友人」と言っても、「ぼくのフレンド」と言っても通じるのです。

日本語は私たちが考えている以上に複雑で変化しています。だからこそ、語彙を増やすことは多様な世界で生きていくうえで必要なのです。

語彙を増やすための新聞の読み方

では語彙を増やすにはどうしたらいいのでしょうか。

私は新聞を読むことをすすめます。新聞は基本的には中学校2、3年生が読んで理解できるように書かれています。そしてわかりにくい言葉や目新しい言葉には注釈がつけられていることが多いのです。しかし、新聞の記事は膨大です。そこでまず、1面の下段にあるコラムに目を通してみてはどうでしょうか。一般のニュース記事と違い、特定の分野が決められているわけではなく、さまざまな分野について書かれていますから、毎日読むことで語彙が豊富になることは間違いありません。

ついでにいうと、気に入ったコラムを書き写すと、語彙が増えるだけでなく、文章力が身につきます。スマホ全盛の現代だからこそ、語彙を増やして文章力や表現力を身につけることが求められていると思います。

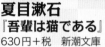

世界と出会う　世界を考える　世界に伝える

関東国際高等学校

www.kantokokusai.ac.jp

創立92周年を迎える関東国際高等学校（以下、KANTO）は、伝統ある英語教育を根幹に、タイ・インドネシア・ベトナムなどアジア近隣語各コースも設置され、その特色ある国際教育が注目されています。

KANTOだけの英語教育システム

KANTOには、外国語科7コースと普通科2コースの全9コースが設置されており、それぞれのコースに応じて、表現力を重視したコミュニケーションツールとしての英語力アップを目指し、実践的な教育が行われています。

まず注目すべきは、7か国19名という英語のネイティブ教員の多さです。全員が修士号を取得した専門家として各コースの英語教育に携わっています。次に、英語の授業数の多さです。特に、英語コース英語クラスは36単位、海外大学留学クラスは42単位の英語を3年間で学び、その半分以上がネイティブ教員による授業です。高校3年間を通じて常に英語にふれあうことに重点をおき、多読やプレゼンテーションの授業など先進的な英語教育が行われています。

ネイティブ教員の授業風景

また、国際交流の機会も多く、英語コースの1ヶ月半におよぶアメリカ短期留学を始め、オーストラリア、イギリス、ニュージーランドなど各科コースごとに英語圏での研修が用意されています。

ホームステイや大学寮での生活、学生との交流を通して、英語力だけでなく、社会で必要とされるコミュニケーション能力を養います。

タイ語・インドネシア語・ベトナム語！

KANTOの国際教育の中で最大の特徴は、近隣諸国の6つの言語コースです。その中でも、タイ語・インドネシア語・ベトナム語（以下、近隣語）を3年間カリキュラムに取り入れている学校は、日本ではKANTOだけであり、国内だけでなく海外からも注目が集まっています。

近隣語各コースの生徒は、現地での生活経験のある生徒ばかりでなく、小・中学時代から東南アジアに興味を持ち、将来はアジア近隣諸国に関わる仕事をしてみたいと入学する生徒も少なくありません。言語授業は各コースとも10～15人ほどの少人数制です。日本語を話せるネイティブ教員が、各言語に通じた日本人教員と共に、生徒一人ひとりに丁寧に、きめ細やかに指導するため、初めて東南アジアの言語にふれる生徒も安心して学ぶことができます。

英語の授業は週に5時間以上あり、それ以外に近隣語の授業は、高1では週5時間、高2では週6時間、高3は英語との選択制ですが最大10時間まで学ぶことができ、多い日は1日3時間外国語にふれる授業が行われています。

また、近隣語各コースでは、2年次に3週間の現地研修がカリキュラムに取り入れられており、提携校の生徒宅にホームステイをして3週間一緒に学校へ通い授業を受けます。時には大学へ出向いて授業を受けることもあり、勉強のみならず農業体験や文化体験などの様々な体験が用意されています。生徒たちはこの現地研修から現地の文化や社会情勢を肌で感じることができるため、将来の進路決定の際の重要な判断材料となっています。

インドネシア現地研修

学外の活動としては、南山大学主催の「インドネシア語スピーチコンテスト」、ベトナム語の「日越弁論大会」共に第3位を受賞するなど、外部スピーチコンテストへ積極的に参加をしています。また、大学との連携も進めており、授業の聴講やフィールドワークへの参加など、様々な活動に取り組んでいます。東南アジア言語を話せる人材が不足している昨今、近隣語各コースの需要はますます高まっていくと考えられます。

自然環境を活かした「勝浦研修」

もう1つの魅力が勝浦キャンパスで行われる4泊5日の「勝浦研修」です。毎回3～4クラス単位で行われており、1・2年次は春と秋の2回、3年次は春に1回行われます。勝浦キャンパスは66万㎡の広大な土地に、宿泊施設、レストラン、グラウンド、テニスコート、体育館等の充実した施設があり、都心では味わえないプログラムを体験します。

この研修では、「勝浦ファーム」と呼ばれる農園で、学年や科コースを超えて皆で協力しハーブ園の管理をしたり、「選択文化講座」と呼ばれているそれぞれの文化を学ぶことを目的とし、各分野の専門性を学び習得していくプログラムを行っています。ここでは、食文化や馬術等6つのプログラムが用意されており、生徒は皆のびのびと楽しんでいます。3年間で計5回行われるこの研修で、仲間の大切さを実感し、一人ひとりの人間力と個性を着実に伸ばしていきます。

勝浦キャンパス

難関大学、そして海外大学へ！

KANTOならではの語学教育や異文化体験を活かすことで、早慶上理・MARCH等の難関大学への合格実績も飛躍的に向上しています（GMARCH以上のべ合格数：平成26年度入試では67名→28年度は147名。特に上智、立教、法政の各大学には毎年多くの卒業生を送り出しています。成蹊、明治学院、獨協、玉川、桜美林なども合格者の多い大学です。学部も外国語・国際系だけではなく多岐に渡っています。

海外大学への進学も、KANTOの特色です。平成28年度はカリフォルニア大学アーバイン校（米、タイムズ紙世界106位）、トロント大学（加、同19位）、セント・アンドルーズ大学（英、同86位）など、43大学のべ50名が合格しました（4月末現在）。アジア圏でも上海外国語大学（中国）、銘伝大学（台湾）、延世大学（韓国）などに合格しています。

■学校説明会 **要予約**
7/30(土) 10:00/14:00　**8/6**(土) 10:00/14:00
8/13(土) 13:00/16:00　**8/27**(土) 13:00/16:00
■One day イングリッシュキャンプ **要予約**
8/28(日)　**10/16**(日)
■各学科コース説明会 **要予約**
9/10(土) 10:00/14:00　**10/22**(土) 10:00/14:00
■体験授業 **要予約**　■近隣語・サイエンスキャンプ **要予約**
9/24(土)　**11/19**(土)　**10/1**(土)~**2**(日)
■学園祭 **※個別相談のみ要予約**
10/29(土)・**30**(日) 受付時間：9:45~14:15
■入試説明会 **要予約**
11/26(土) 10:00/14:00　**12/3**(土) 11:30/15:00　**12/10**(土) 14:00

関東国際高等学校〈共学校〉
〒151-0071　東京都渋谷区本町3-2-2　TEL.03-3376-2244
アクセス：京王線「初台駅」から徒歩8分。都営大江戸線「西新宿五丁目駅」から徒歩5分

筑波大学附属高等学校

University of Tsukuba Senior High School

東京都　文京区　共学校

自主・自律・自由の精神を胸に 世界で活躍するリーダーを育成

緑豊かで閑静なキャンパスにたたずむ筑波大学附属高等学校は、130年近い歴史を持つ名門国立高校です。近年はスーパーグローバルハイスクール（SGH）幹事校として注目を集めていますが、創立当初から続く、「真のリーダーを育てるための幅広い教養を身につけるカリキュラム」にも定評があります。

那《な》須《す》 和《かず》子《こ》 副校長先生

創立128年を迎えた 筑波大の附属校

筑波大学附属高等学校（以下、筑波大附属）は、1888年（明治21年）高等師範学校に尋常中学科が設置されたことを始まりとします。以降、校名変更や校舎移転、共学化などを経て、1978年（昭和53年）、東京教育大学から筑波大学に移管され、筑波大学附属高等学校となりました。2014年度（平成26年度）にはスーパーグローバルハイスクール（SGH）に指定され、幹事校として中心的な役割を担っています。

筑波大附属のモットー「自主・自

律・自由」について那須和子副校長先生は「生徒には『自由』という言葉が魅力的に映っているかと思いますが、『自主・自律・自由』の言葉の順番には意味があり、自主・自律があってこその自由なのです。社会の規則を理解したうえで、自分が責任を持って動くことが重要であり、そこから生まれるのが自由だということを生徒にはよく伝えています。

また、本校では『全人的人間の育成』も教育の要にしています。幅広い教養を身につけ、社会の役に立つリーダーこそが真のリーダーであると考え、そのような人材の育成をめざしています。SGHとも絡めてグローバルなトップリーダーを育てていくことが目標です」と話されます。

対抗戦

院戦

開成レース

他校と伝統的に対抗戦を行っています。開成との「開成レース」（ボート）、学習院との「院戦」（運動部の総合定期戦）のほか、県立湘南との「湘南戦」（サッカー）があり、それぞれ今年度で88回目、66回目、69回目を迎えています。

授業

筑波大附属では、主体的に学ぶ姿勢を養うことができる魅力的な授業が展開されています。

生徒1人ひとりに対応した幅広く学べるカリキュラム

筑波大附属では1948年（昭和23年）から2期制を導入しています。定期考査の回数が少ないため、生徒たちが伸びのびと行事に取り組めるというメリットもあります。

3年間クラス替えがなく、担任が変わらないことも特徴です。互いの個性を認めあうなかで良好な人間関係が築かれていき、クラス内の結びつきも強固なものとなります。併設の筑波大附属中からの中入生とは1年次から混合クラスです。1年次の夏には、長野県の桐陰寮で、勉強合宿ではなくクラスメイトとの仲を深めることを目的とした行事「蓼科生活」（3泊4日）を実施します。外部との連絡を遮断するため携帯電話の所持なども認めず、徹底してクラスメイトと交流する時間を大切にします。そのかいあって、中入生と高入生は蓼科生活を通して随分と打ち解けることができるそうです。

中学校と高校は独立しているので中高一貫校のような6年間を前提としたカリキュラムではなく、3年間で確実に力が身につけられるよう工夫されています。また、附属中でも先取り学習は行っていません。

カリキュラムですが、1・2年次は一部の科目（1・2年次の芸術〔音楽・美術・工芸・書道から選択〕と2年次の理科〔物理基礎・地学基礎のどちらか選択〕）以外を必修科目としています。自身も筑波大附属の卒業生であり、長年、筑波大附属で音楽を教えてきた那須副校長先生は「さまざまな教科での学びが『全人的人間の育成』につながると考え、受験に関係ないからといって芸術の単位数を減らすなどということはしていません。すべての科目を大切にするのが本校の特色だと思います」と語られます。

3年次のカリキュラムは、英語と体育、政治経済以外は必修選択科目と自由選択科目からなります。生徒1人ひとりが自分に必要な科目、興味のある科目を選ぶので、個人個人で違う時間割となります。

授業では、レポートの作成や発表、プレゼンテーションを積極的に取り入れるなど、生徒参加型の形態が多くみられます。いま、注目されている「アクティブ　ラーニング」も古くから実施されています。教員手作りの独自教材やプリントも活用しながら、高い学力を形成していきます。

さらに2・3年次には希望者向け

の第2外国語（ドイツ語・フランス語・中国語）の授業もあります。

SGHでの取り組みは2本柱で実践

筑波大附属がSGHで掲げるテーマは「小・中・高・大が連携した課題解決によるグローバル人材の育成」です。そのテーマの実現に向けて、2本の柱が設定されています。

1つ目は、全学年が取り組む「SGHスタディ」です。1年次は「研究のための基礎的な技能の修得」として、教員による〈科学の考え方〉〈データの収集〉〈データの分析〉などの講座を受講します。国語・数学・美術など英語に限らず多様な教科の教員が担当する講座を通して、2・3年次から取り組む「課題研究」で役立つ力を身につけていきます。

2・3年次の「課題研究」は、〈第1分野―オリンピック・パラリンピックにおける諸課題〉〈第2分野―地球規模で考える生命・環境・災害〉〈第3分野―グローバル化と政治・経済・外交〉のいずれかに所属し、グループごとに研究・調査を進めていきます。最終的に研究内容をまとめた論文を提出、発表会も実施します。ときには、筑波大の教員や大学院生のサポートを受けることができる点も附属校の魅力です。

2つ目の柱は「SGHプログラム」です。希望者対象の海外派遣に関するプログラムで、「シンガポール短期留学」「日中相互交流」「アジア太平洋ヤングリーダーズサミット（APYLS・シンガポール）」「国際学術シンポジウム（IAS・韓国）」「国際ピエール・ド・クーベルタン・ユースフォーラム」があります。これらに加えて今年開始の「プリンスエドワードアイランド大（カナダ）」でのプログラムは、現地のバカロレア高校との交流も予定されています。

「プログラムに参加した生徒は、帰国後に学年集会などで、現地で行った課題解決学習の様子について報告します。海外派遣に参加していない生徒にも、プログラムを通して得たものを還元してもらいたいのです。

また、SGHの幹事校でもあるので、海外からお客様を迎える機会も多くあり、海外に行かずとも国際交流ができます。先日もG7ジュニアサミットの各国代表生徒を受け入れ、本校の生徒との交流を行いました。

SGHの活動には全教員が携わっており、自分がどのプログラムを担当したいのか、教員から希望を募って決めています。教員にも『自主・

学校行事

桐陰祭

スポーツ大会

桐陰祭やスポーツ大会、修学旅行など、実行委員が中心となり、生徒主体で企画を運営する行事が年間を通じて実施されています。行事の運営においても「自主・自律・自由」の精神を大切にしています。

修学旅行（沖縄）

生徒総会

蓼科生活

SGH

アジア太平洋ヤングリーダーズサミット

海外派遣生徒発表会

日中相互交流

研究手順の話し合い

情報室活用

SGHスタディでは、情報室などを活用しながらグループで研究を進めていきます。SGHプログラムでは多彩な交流プログラムがあり、海外派遣から戻った生徒の発表会も行っています。

EU教育文化教育長来校

G7ジュニアサミットの受け入れ

国際交流

SGHでの取り組み以外にも、G7ジュニアサミットのメンバーを受け入れたり、EU教育文化教育長が来校したりと、SGH幹事校として積極的に国際交流に取り組んでいます。

自律』があり、そのうえで、協力して教育に携わる姿勢が根づいている学校です。」（那須副校長先生）

かけがえのない3年間を充実したものに

毎年多くの生徒を難関大学へ送り出している筑波大附属。筑波大と連携した大学訪問や、卒業生による進路説明会などの進路行事に加え、生徒の性格を熟知した担任による的確なアドバイスをふまえ、希望の進路を実現していきます。近年は、海外の大学へ進学する生徒も出てきています。

一昨年できた新施設・桐陰会館を活用して、今後は卒業生による講演会などの開催が検討されています。「卒業生の人材が豊富ですので、キャリア教育をさらに充実させようと考えています」と那須副校長先生。

「自主・自律・自由」のモットーのもと、いきいきと、そして伸びのびと学校生活を送れる筑波大学附属高等学校。那須副校長先生は、「高校時代の3年間はかけがえのない時間です。そのぶん高校選びはとても大切で、同時に難しいものであると思います。自分がどんな力を伸ばしたいのか、自分に合った学校はどこなのか、周りの人に決めてもらうのではなく、たくさんの学校を自分の目で見たうえで選択してください。

本校は色々なことに挑戦できる環境がありますし、教員も生徒の個性をきちんと受け止めて、1人ひとりを応援する体制を整えています。多くの選択肢のなかから本校を選んでくださったならば、3年間で生徒さんのよさを最大限伸ばしていきたいと思っています」と語られました。

2016年度(平成28年度)大学合格実績抜粋 ( )内は既卒

大学名	合格者	大学名	合格者
国公立大学		私立大学	
東北大	6(4)	早稲田大	136(54)
筑波大	9(4)	慶應義塾大	83(35)
千葉大	14(5)	上智大	30(6)
お茶の水女子大	1(0)	東京理科大	56(33)
東京大	33(16)	青山学院大	10(3)
東京外大	4(2)	明治大	56(28)
東京工大	6(2)	東京慈恵会医科大(医)	8(6)
東京芸大	2(0)	順天堂大(医)	9(3)
東京医科歯科大	1(0)	杏林大(医)	2(2)
一橋大	10(3)	日本医科大(医)	4(3)
横浜国立大	4(2)	昭和大(医)	3(1)
京都大	8(4)	東京医科大(医)	1(1)
大阪大	1(0)	東邦大(医)	3(2)
名古屋大	1(1)	自治医科大(医)	1(0)

School Data

所在地	東京都文京区大塚1-9-1
アクセス	地下鉄有楽町線「護国寺駅」徒歩8分、地下鉄丸ノ内線「茗荷谷駅」徒歩10分
生徒数	男子368名、女子361名
TEL	03-3941-7176
URL	http://www.high-s.tsukuba.ac.jp/

2学期制　週6日制

月～金曜6限、土曜1・2年は3時限、3年は2時限（登校は3、4限目）

1学年6クラス

1クラス約40名

School Navi No.235

東京都　世田谷区　共学校

駒澤大学《こまざわだいがく》高等学校

School Data

所在地	東京都世田谷区上用賀1-17-12
生徒数	男子795名、女子794名
TEL	03-3700-6131
URL	http://www.komazawa.net/
アクセス	東急田園都市線「桜新町駅」・「用賀駅」徒歩13分、小田急線「千歳船橋駅」バス

「行学一如」を掲げ生徒を未来へ導く

建学の精神に「行学一如《ぎょうがくいちにょ》」を掲げる駒澤大学高等学校（以下、駒大高）。「行学一如」は、日々の行いと学びを同じように大切にすることを意味します。そのため、駒大高では、勉強だけでなく部活動、学校行事など、さまざまなことに積極的に取り組める環境を用意しています。

生徒の可能性を伸ばし豊かな心を育む教育

1年次は共通カリキュラムで学び、英単語や漢字、数学の公式などについての小テストを定期的に実施し、定着が不十分な生徒に対しては補習も行うなど、しっかりと基礎学力を養います。また、ホームルーム前には朝学習を実施し、集中して授業に臨めるよう工夫されています。

2年次からは「進学コース」と「受験コース」に分かれます。

「進学コース」は、附属校ならではの駒澤大への推薦入学、そして推薦入学の権利を得たうえで他大学を受験できるコースです。駒澤大への進学を希望する生徒は、大学の教授陣が行う模擬授業で自分の適性を見極められたり、3年次には大学の講義に参加することもできます。他大学をめざす生徒には、小論文や面接対策などの個別指導が行われます。

「受験コース」は、国公立大や難関私立大をめざすコースで、文系と理系に分かれて学びます。少人数制の選択授業や、各大学の過去問を利用したハイレベルな特別講習などが実施され、進学コース同様、小論文や面接など、大学入試に特化した指導を受けることもできます。

このように、駒大高では個々の可能性を広げるために、進学先を駒澤大に限定せず、他大学への受験も積極的にサポートしているのです。

また、駒大高では、禅の教えに基づいた心の教育も大切にされ、「仏教」の授業で慈悲の心を学んだり、坐禅やお寺での修行を体験する宗教行事が用意されています。宗教教育を通じて、相手を思いやり認めあえ、だれとでも真摯に向きあえる人間性豊かな人材が育てられています。

こうした学習環境が整えられているなか、生徒は運動部・文化部合わせて41の部活動や、林間学校やカナダセミナーなどの多彩な行事にも意欲的に取り組んでいます。

「未来は創るもの」という思いを胸に、熱意ある指導で生徒の可能性を伸ばし、未来へと導く駒澤大学高等学校です。

School Navi No.236

東京都　世田谷区　共学校

国士舘《こくしかん》高等学校

School Data

所在地	東京都世田谷区若林4-32-1
生徒数	男子494名、女子173名
TEL	03-5481-3131
URL	http://hs.kokushikan.ed.jp/
アクセス	東急世田谷線「松陰神社前駅」徒歩6分、小田急線「梅ヶ丘駅」徒歩13分

1人ひとりの「生きる力」を養成

国士舘高等学校（以下、国士舘）は、「活学」と「心学」を柱に据えた教育を実践しながら、1人ひとりの可能性を引き出し、「生きる力」を育んでいます。

学級編成は、まず入学時に、いわゆる難関他大をめざす「選抜クラス」と国士舘大学進学を基本とする「進学クラス」のどちらかを選びます。そして高2進級時に、より具体的なコース分けを実施し、志望進路に備えます。

「活学」で社会の一員としての自覚を促す

創設者・柴田徳次郎は100年前に国士舘を創設する際、「活学」と称していわゆる「PDCA＝プラン・ドゥ・チェック・アクション」を「読書・体験・反省」と掲げました。現在の生徒まで脈々と受け継がれる新しくも伝統ある実践です。

「活学」のねらいは「読書・体験・反省」を通して物事を客観的にとらえ、社会の一員として活躍する人材を育成すること、そしてそのために必要な教養を育むことです。国士舘で行われる、「考える力」「表現する力」に磨きをかけるための全校生徒参加の「校内読書感想文コンクール」や、夏休みに行われる「短期海外語学研修（オーストラリア）」なども「活学」の一環です。

また、体育祭の応援合戦はチームメイトを応援する気持ちをチームワークで表現し競います。自分の力を社会で発揮し、貢献できる生徒の育成に取り組んでいるのです。

道徳心や正義感を「心学」で育む

「心学」とは、道徳心や正義感、「思いやりの心」を備えた人材育成を前提に「心の通った心の学び（武道と礼法）」教育を行うことです。

「心学」の一環として、国士舘では体育の授業で武道（剣道・柔道）を取り入れています。武道を通して礼節やたくましい精神力を身につけた国士舘生は日々のあいさつを欠かさない、明るく元気な生徒が多いのが特徴です。

書道の授業や書道部の活動には、使用済み半紙から作られたエコ半紙「未来箋《みらいせん》」を利用。ものを大切にする心を養い、環境について考える機会としています。

国士舘高等学校は、このような多彩な取り組みを通して、生徒の未知なる可能性を引き出していきます。

埼玉県　公立　男子校

埼玉県立 春《かす》日《か》部《べ》高等学校

KASUKABE HIGH SCHOOL

FOCUS ON

「質実剛健」「文武両道」を実践し 日本の将来を担う人材をめざす

　埼玉県立春日部高等学校は、質の高い授業に加え早朝などを活用した講習・補習で生徒の実力を養成しているのが特色です。スーパーサイエンスハイスクール（SSH）の第２期指定を受け、生徒全員が研究・発表に取り組んでいます。100年を超える歴史と伝統を持つ男子校で、社会に貢献できる人材を育てています。

益子《ますこ》 篤行《あつゆき》 校長先生

School Data

所在地	TEL
埼玉県春日部市粕壁5539	048-752-3141
アクセス	**生徒数**
東武野田線「八木崎駅」徒歩1分	男子1135名
	URL
	http://www.kasukabe-h.spec.ed.jp/

- 3学期制　週５日制
- 月曜～金曜５時限、土曜３時限（隔週）
- 1時限65分
- 1学年9～10クラス

「質実剛健」を掲げる歴史ある男子校

　埼玉県立春日部高等学校（以下、春日部高）は、1899年（明治32年）に埼玉県第四中学校として開校されました。その後の変遷を経て、1949年（昭和24年）に埼玉県立春日部高等学校となりました。

　校訓には「質実剛健」が掲げられ、生徒心得には「質実剛健の校訓を日常生活に実践する」とあります。校訓には、春日部高の生徒であるポリシーと高い志を持って学び、飾ることなく真摯《しんし》に高校生活を送ろうという思いが込められています。

「私が生徒によく話すのは、次の3つです。1つ目は『てっぺんを見ろ』。これは、国やさまざまな分野のトップにいる人々がなにをしているかをきちんと見て、それが自分と直接かかわりのあることだという認識を持って勉強するということです。2つ目は『鵜呑《うの》みにするな』。生徒にはつねに疑問を持って検証する姿勢を大事にしてほしいです。本に書いてある知識や授業で教わる知識をただ覚えるのではなく、違う考え方もあるかもしれないと考えることが必要です。生徒たちは学んだ知識を使って新たな価値を生み出していかなければなりませんから。3つ目は『世界を相手にしろ』。これは、自分が世界にどう貢献できるかを考えたうえで、進路を考えてほしいということです。」（益子篤行校長先生）

春日部高の歴史を知り使命感を感じて学ぶ

　春日部高に入学してまず行われるのが新入生合宿です。国数英の授業が実施され、高校の学習法を学びます。そして入学前に読んだ課題図書についての討論や、6月に行われる春高祭（文化祭）のクラス企画についての話しあい、バーベキューなどが行われます。「新入生合宿を通じて、新入生は本校の生徒になっていきます。仲間作りもできるので生徒は楽しんでいます。合宿では学校の歴史も学ぶので、その重みを感じ、本校の生徒である使命感を持って勉強してほしいです」と益子校長先生。

　カリキュラムは、高1・高2は一部選択科目を除き共通履修で、高3で文系と理系に分かれます。数学では習熟度別授業（高2・高3）、英語では英語表現Ⅱで少人数授業（高3）が行われています。

　先取り教育も取り入れられ、高3では多くの科目で大学入試に向けた演習が中心になります。

学習風景

授業開始前の取り組みも特色の1つです。高1・高2は課題図書を読む「朝読書」、高3は大学入試問題を解く「朝学」が行われています。

「春高手帳」を活用 時間を有効に使って学ぶ

教育方針に「文武両道」を掲げ、

自習風景

朝読書

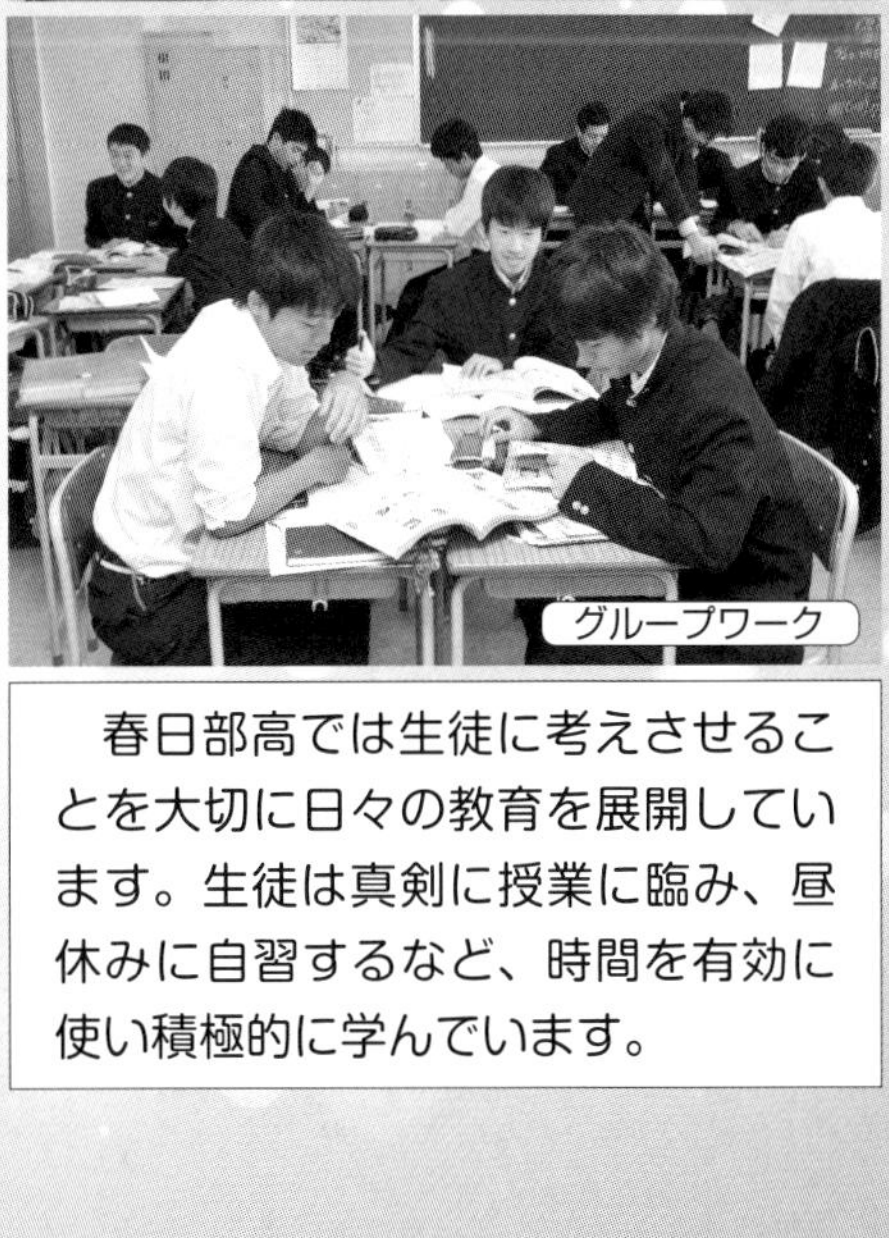
グループワーク

授業風景

春日部高では生徒に考えさせることを大切に日々の教育を展開しています。生徒は真剣に授業に臨み、昼休みに自習するなど、時間を有効に使い積極的に学んでいます。

部活動の参加率が9割を超える春日部高。「勉強と部活動を両立させるためには、すき間時間も有効に使うなど、計画的に勉強することが必要です」と益子校長先生が話されるように、春日部高では、生徒のタイムマネジメント能力を育てています。

そのために活用されるのが「春高手帳」です。カレンダーに学校行事が記され、1日の学習時間を記入する欄もあります。生徒は手帳を活用し、計画的に勉強を進めていきます。

また、学校としても早朝や放課後の時間を有効に使って、補習や講習を数多く実施しています。

高1・高2には、早朝に希望者を対象としたレベルの高い内容の「実力養成講座」（国語・数学・英語）が開講されます。高1には定期考査前の放課後に「基礎鍛錬講座」も実施されます。これは学習の進度が遅れがちな生徒を対象とした指名補習で、全員が高い水準の学力を維持できるよう工夫されているのです。

高3になると、早朝、放課後に多くの講座が開講されます。

長期休暇中にも講習は実施され、例えば2015年度（平成27年度）、高3生を対象とした夏季講習は63講座開かれ、92％が参加しました。「今年度の夏季講習は、私も中国史を担当します。大切にしているのは、生徒に考えさせることです。現代は情報があふれています。多くの情報のなかから正しいものを選択できるようになるためには、意図的にじっくりと考えさせる場を与えることが必要です。講習でもただ知識を与えるのではなく、歴史的思考力を身につけさせるような内容を展開したいと考えています。」（益子校長先生）

SSH

SSHのテーマは「知の構造化、そして共有化」です。講演会やフィールドワークなどを行いながら、1年次は全員が研究と発表に取り組みます。

特別講演会

校内発表

施設訪問

屋久島フィールドワーク

部活動

応援指導部

ラグビー部

剣道部

文武両道を掲げ、部活動の加入率が90%を超える春日部高。どの部も活発に活動しています。応援指導部は、県内の他の公立校とも交流し、年に1回いっしょに行事を行っています。

美術部

書道部

SSH指定2期目を迎え全員で知識の共有化を図る

春日部高は、2010年（平成22年）にスーパーサイエンスハイスクール（SSH）の指定を受け、2015年度から2期目の指定を受けました。1期目のテーマは「知の構造化」、2期目は「知の構造化、そして共有化」です。

2期目は、1期目に培ったものを共有化することを目的に、1年次は全員が「SS情報」「SS英語表現Ⅰ」「SS保健体育」を受講します。例えば「SS英語表現Ⅰ」では、英語でプレゼンテーションに挑戦し、「SS保健体育」ではスポーツについて研究し、その内容を部活動で活かす生徒もいます。

また、「SS課題研究基礎」も必修で、全員が、個々にテーマを設定し、1年をかけて研究し、レポート提出、プレゼンテーションを行います。希望者は2、3年次も「SS課題研究」「SS研究論文」として研究を進めます。

全学年を対象としたプログラムとしては、「筑波山研修」や「屋久島フィールドワーク」があり、現地の動植物や気象などを観察、調査するノウハウを学ぶことができます。

テスト結果をデータ化 選択肢を広げる進路指導

進路指導では、各学年で外部機関の全国模試、教員の作る自校問題による実力考査を実施し、その結果をデータにまとめ、過去の卒業生のものも参考にしながら指導されます。

また、さまざまなプログラムも用意されています。

特徴的なプログラムとしては「東北大学オープンキャンパス」があげられます。「東北大に連れていくことで、生徒たちの目を全国に向けさせ、進路選びの選択肢を広げています。実際、東北大の充実した環境を魅力的に感じる生徒も多く、現在では例年10数人が東北大へ合格するようになりました」と益子校長先生。

ほかにも、各界で活躍する先輩の話を聞く「進路トーク」や志望校別に勉強方針などを聞ける「難関大学説明会」などが実施されています。

こうして「質実剛健」「文武両道」を学校生活に実践し、高い志を持って学べる埼玉県立春日部高等学校。最後に益子校長先生は「本校では、生徒たちにしっかりと勉強させます。しかし、大学がゴールではありません。日本の将来を担う若者を育てることが我々の使命ですので、社会に貢献したいという使命感を持って学べる生徒を待っています。

なお、2017年度（平成29年度）から埼玉県の公立高校入試に変更があります。標準的な問題と発展的な問題の2種類が作られ、学校ごとにどちらを使うか選択できるようになります。本校は発展的な問題を出題する予定です」と話されました。

行事

1年を通じてさまざまな行事が用意されています。なかでも大運動会をはじめ、水泳大会や1万m走など、体育系の行事が多くあるのが特徴です。

大運動会

修学旅行

卓球大会

水泳大会

1万m走

春高祭

進路指導

進路指導では、大学模擬授業やOBによるシンポジウムなど、生徒に幅広い視野を与えるためのプログラムが用意されています。

講演会

OBによるシンポジウム

大学模擬講義

2016年度（平成28年度）大学合格実績 （）内は既卒

大学名	合格者	大学名	合格者
国公立大学		私立大学	
北海道大	5(1)	早稲田大	49(28)
東北大	20(6)	慶應義塾大	16(11)
東京大	4(2)	上智大	10(3)
東京外国語大	3(1)	東京理科大	81(47)
東京学芸大	6(3)	青山学院大	9(7)
東京工業大	5(2)	中央大	44(30)
一橋大	3(2)	法政大	71(39)
千葉大	11(5)	明治大	92(45)
筑波大	4(0)	立教大	35(17)
埼玉大	19(4)	学習院大	21(13)
大阪大	1(0)	芝浦工業大	73(45)
その他国公立大	60(37)	その他私立大	485(320)
計	141(63)	計	986(605)

受験生にとって重要な夏休みの学習計画の立て方

もうすぐ１学期が終わり、夏休みが始まります。受験生のみなさんはもう夏休みの学習計画は立てましたか。計画を立てる際に多くの受験生がしてしまいがちなのが、予定を詰めすぎること。あれもしたい、これもしたい、と欲張りすぎてしまうみなさんへ、夏休みの学習計画を立てるコツをご紹介します。

和田式教育的指導

夏休みに過剰な期待や壮大な目標はNG

1年のなかで、自由に使える時間が最も長くなる夏休み。この期間をどう過ごすかは、受験生にとって重要なポイントとなります。とはいえ、過剰な期待を抱いてしまうのはよくありません。

「苦手科目を得意にする」「英語の復習を完璧にする」など、壮大な目標を掲げてはいませんか。無理な計画を立てると、実現できず挫折する可能性が高いです。あるいは、塾の夏期講習を、あれもこれもとなんでも受講しようとしていませんか。無計画に詰め込みすぎると、通うだけで夏休みが終わってしまいます。

重要なのは、実行可能な計画を立てること。入試直前期であれば、多少無理をして毎日12～14時間くらい勉強できるかもしれませんが、夏休みは難しいでしょう。この時期に無理のある計画を立てても、実現できる人はほぼいないと思います。夏休みの学習計画は、「これくらいなら無理せずにできる」と確信できるくらいの内容にするのがポイントです。

まず実現可能な内容で「夏休み中にはこれくらいやりたい」という大まかな目標を決めます。そうすると、「この目標を実現するためには、1週間で勉強する量はこれくらい」というように、1週間単位の勉強量が具体的に見えてきます。そして、それをさらに1日ぶんの量として考えるために、5分割します。

例えば、1週間で問題集を100ページやると決めたとします。すると、月～金曜日までの5日間は、1日20ページずつ進めていけば、計画通り100ページ達成できることになります。もし計画通りに進まなかった場合は、やり残したぶんを土曜日にやればいいのです。そして日曜日は、休息を取りながら復習をします。このように、月～金曜日でこなせる量の計画を立て、土日は進度の調整と復習にあてるようにします。

優先順位をつけて夏期講習も科目を絞る

もう1つ、夏休みの計画を立てる際に気をつけてほしいことがあります。それは、「苦手科目の克服にこだわらない」

和田秀樹

1960年大阪府生まれ。東京大学医学部卒、東京大学医学部附属病院精神神経科助手、アメリカのカールメニンガー精神医学校国際フェローを経て、現在は川崎幸病院精神科顧問、国際医療福祉大学大学院教授、緑鐵受験指導ゼミナール代表を務める。心理学を児童教育、受験教育に活用し、独自の理論と実践で知られる。著書には『和田式　勉強のやる気をつくる本』（学研教育出版）『中学生の正しい勉強法』（瀬谷出版）『［改訂新版］学校に頼らない和田式・中高一貫カリキュラム』（新評論）など多数。初監督作品の映画「受験のシンデレラ」がモナコ国際映画祭グランプリ受賞。自身原作の『受験のシンデレラ』はNHK BSプレミアムにてドラマ化（7月10日より放映）。

Hideki Wada

ということ。なぜなら、苦手科目は、たくさん勉強している割に結果が出ないということが多く、気が滅入ってしまう場合が多いからです。

まずは、得意科目に力を入れることをおすすめします。どんなに得意であっても、現時点で志望校の合格点に達しているとは限りません。苦手科目の克服にかける時間は半分以内に抑え、点数を伸ばせそうな得意科目の伸長にしっかり時間をかけた方がよいのです。

また、予備校や塾の夏期講習は、本当に必要な科目のみに絞りましょう。科目によって、夏季講習に通った方が伸びる科目と、自分で参考書や問題集を解いて勉強する方がよいものがあるからです。そこを見極め、自分に必要な講習のみ申し込むといいでしょう。

夏休みの計画において大切なのは、自分の課題をあげて、優先順位をつけること。そして、優先順位の高いものから、無理なく手がけるようにしましょう。

和田先生のお悩み解決アドバイス

QUESTION

気になる2校の受験日がかぶった場合の選択方法は

ANSWER

どちらが自分にとって得か考えよう

高校受験は、あくまでもみなさんにとって「中間過程」です。日本では大抵の場合、社会に出たとき、最終学歴をみられます。どこの中学・高校を卒業したかより、どこの大学出身なのかが重視されることがほとんどです。みなさんにとっては、高校入学の先に大学受験というさらなる目標があるのです。たとえ高校受験で志望校に落ちても、その悔しさをバネに3年間必死に勉強すれば、行きたい大学に行ける可能性は十分あります。どこの高校に入ろうと、そこからの頑張り次第なのです。とはいえ、高校進学という「中間過程」は必要なこと。もし気になる2校のうち1校が滑り止めなのであれば、そちらを確保しておくことをおすすめします。1校受かることで、気持ちに余裕が生まれるからです。逆に、どちらも滑り止めではない、つまり、「こっちは進学実績がよいし、あっちは校風が自由だし、どっちもいいな」というような場合は、将来に目を向けましょう。そして、自分にとってより有利だと思う方を選んでみてはいかがでしょうか。

教えてマナビー先生！

世界の先端技術

pick up!!

Noah（ノア）

▶マナビー先生 プロフィール

日本の某大学院を卒業後、海外で研究者として働いていたが、和食が恋しくなり帰国。しかし科学に関する本を読んでいると食事をすることすら忘れてしまうという、自他ともに認める“科学オタク”。

君もスーパースターになれる バスケ用秘密兵器が登場した

バスケットボールが好きな中学生は多いと思う。

今回紹介するのはバスケットボールの練習用に開発されたNoah（ノア）という装置なんだけど、この装置のことを知った君は、どんなことを考えるんだろう。

さて、アメリカのバージニア大学のバスケットボールの練習コートに行くと、選手がシュートを打つたびに「フォーティトゥ！（42度）」、「フォーティスリー！（43度）」という器械音の声が、壁に設置された装置から響いてくる。これって、なんだろう。

バスケットボールは直径約23cmのボールを直径約48cmのリングのなかに入れて得点を競う競技だ。アメリカでは大変人気のあるスポーツだね。

Noahを開発した技術者は、高校、大学、プロなど多くの選手たちのシュートについて、打った位置と弾道を解析し続けた。

ボールがどのような角度でリングに向かえば、入る確率が高くなるかを調べ続けたんだ。結論はボールがリングの中心から約５cm奥に、約45度の軌道を描けば、一番入りやすいことが分かったんだ。

この結果から開発されたのがNoahだ。

Noahはまず、リングの後ろに設置される。ボールの軌道は、センサーで毎秒30回も観測、収集される。そして、シュートを打つたびにリングへの最終角度を音声としてプレーヤーに伝える仕組みだ。

シューターはその情報をもとにシュートの角度を修

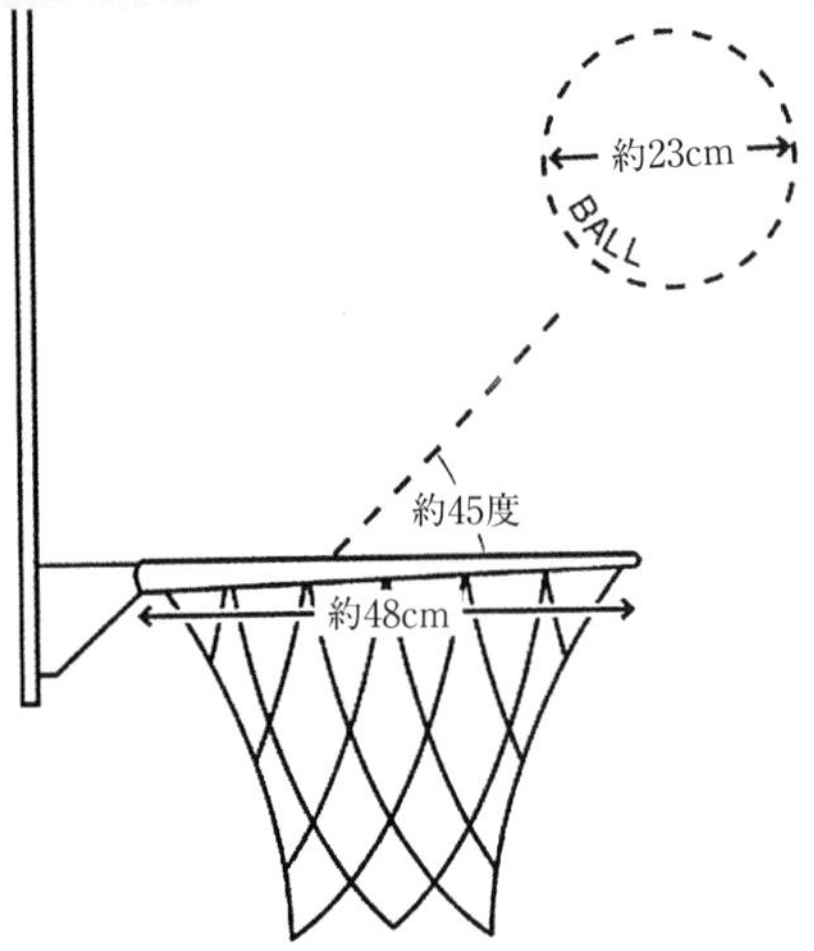

シュートが、リングの中心よりやや奥に、45度の角度で軌道を描けば、君もスーパースターになれる。

正し、何度も理想の角度である45度に近づくように練習する。さらにNoahは、シュートの特性を示した表と図を作ってくれる。進入角度はもちろん、リングの中心から5cm奥という理想の位置からの、左右、前後へのブレなども知ることができる。プレーヤーとコーチは集約された情報をもとに話しあい、技術を高めていくわけだ。アメリカのプロチームもこの装置を使い、プレーヤーの技術を伸ばし始めている。

「入った」「入らなかった」だけの練習から、数値に裏づけられた、確率が高く入りやすいシュートを知り、その軌道で打てる力を身につけることが重要だと認識されてきたんだね。

時間だけをかけて、だらだらと練習するのではなく、練習しながら自分の技術向上を、その場で確認でき、可視化してくれる装置。君は使って練習してみたくなったかな。

※このページは35ページから読んでください。

正解 (3) $\frac{1}{8}$

もう少し、難しい問題に挑戦してみよう。東邦大東邦だ。

大，中，小の3つのサイコロを同時に投げて，出た目をそれぞれx，y，zとするとき，次の問いに答えなさい。

(1) 積xyzが偶数となる確率を求めなさい。

(2) 和$x+y+z$が偶数となる確率を求めなさい。

(2015年)

(1)から解こう。まず、2つのサイコロを投げると、その数の出方はどうなるだろうか。

偶数・偶数　偶数・奇数　奇数・奇数

そして、2つのサイコロを投げると、その数の出方は何通りになるだろうか。

1つが⚀のときは6通りだ。

⚀⚀（積は奇数）　⚀⚁（積は偶数）　⚀⚂（積は奇数）

⚀⚃（積は偶数）　⚀⚄（積は奇数）　⚀⚅（積は偶数）

というわけで、積は偶数が3通り、奇数も3通りだ。

1つが⚁のときは、積はすべて偶数になる。

まとめると、1つが⚀か⚂か⚄のときは、6×3で18通りのうち、偶数が3×3で9通り、奇数も3×3で9通りだ。1つが⚁か⚃か⚅のときは、6×3で18通りのうち、すべてが偶数になる。

ここから、サイコロ2つを投げるときは、18+18で36通りのうち、偶数が9+18で27通り、奇数は9通りということになるね。つまりは、36通りのうちで偶数は27通り、$\frac{3}{4}$というわけだ。

簡単にいうと、偶数の場合が$\frac{3}{4}$で、奇数の場合が$\frac{1}{4}$だ。これを表にしてみようか。

	⚀	⚁	⚂	⚃	⚄	⚅
⚀	⚀⚀奇	⚀⚁偶	⚀⚂奇	⚀⚃偶	⚀⚄奇	⚀⚅偶
⚁	⚁⚀偶	⚁⚁偶	⚁⚂偶	⚁⚃偶	⚁⚄偶	⚁⚅偶
⚂	⚂⚀奇	⚂⚁偶	⚂⚂奇	⚂⚃偶	⚂⚄奇	⚂⚅偶
⚃	⚃⚀偶	⚃⚁偶	⚃⚂偶	⚃⚃偶	⚃⚄偶	⚃⚅偶
⚄	⚄⚀奇	⚄⚁偶	⚄⚂奇	⚄⚃偶	⚄⚄奇	⚄⚅偶
⚅	⚅⚀偶	⚅⚁偶	⚅⚂偶	⚅⚃偶	⚅⚄偶	⚅⚅偶

やはり、一目瞭然で、偶数：奇数＝3：1だね。

さて、この2つのサイコロ投げに、さらに3つ目を投げるとどうなるだろうか。2つの積が偶数なら、3つ目がいくつでも積はすべて偶数だ。2つの積が奇数なら、3つ目が⚀⚂⚄であれば奇数で、3つ目が⚁⚃⚅なら偶数だ。

ということは、2つの積が奇数の場合は$\frac{1}{4}$で、3つ目も奇数の場合は$\frac{1}{2}$だから、$\frac{1}{4}\times\frac{1}{2}=\frac{1}{8}$ということになる。

その残りの$\frac{7}{8}$が偶数になるというわけだね。

正解 (1) $\frac{7}{8}$

これも表にしてみよう。

	奇数	偶数	偶数	偶数
⚀	⚀×奇＝奇	⚀×偶＝偶	⚀×偶＝偶	⚀×偶＝偶
⚁	⚁×奇＝偶	⚁×偶＝偶	⚁×偶＝偶	⚁×偶＝偶
⚂	⚂×奇＝奇	⚂×偶＝偶	⚂×偶＝偶	⚂×偶＝偶
⚃	⚃×奇＝偶	⚃×偶＝偶	⚃×偶＝偶	⚃×偶＝偶
⚄	⚄×奇＝奇	⚄×偶＝偶	⚄×偶＝偶	⚄×偶＝偶
⚅	⚅×奇＝偶	⚅×偶＝偶	⚅×偶＝偶	⚅×偶＝偶

やはり、偶数が21通りで、奇数が3通りだね。

(2)を解こう。まず2つのサイコロの数を足して偶数になるか奇数になるかを考えよう。

奇数＋奇数＝偶数（9通り）

⚀+⚀　⚀+⚂　⚀+⚄　⚂+⚀　⚂+⚂　⚂+⚄

⚄+⚀　⚄+⚂　⚄+⚄

奇数＋偶数＝奇数（9通り）

⚀+⚁　⚀+⚃　⚀+⚅　⚂+⚁　⚂+⚃　⚂+⚅

⚄+⚁　⚄+⚃　⚄+⚅

偶数＋偶数＝偶数（9通り）

⚁+⚁　⚁+⚃　⚁+⚅　⚃+⚁　⚃+⚃　⚃+⚅

⚅+⚁　⚅+⚃　⚅+⚅

まとめると、奇数は9通りで、偶数は18通りだ。

さて、これに3つ目のサイコロを足そう。3つ目のサイコロは奇数（⚀⚂⚄の3通り）が出るか、偶数（⚁⚃⚅の3通り）が出るかだね。ということは、

奇数（9通り）＋奇数（3通り）＝偶数（27通り）

奇数（9通り）＋偶数（3通り）＝奇数（27通り）

偶数（18通り）＋偶数（3通り）＝偶数（54通り）

偶数（18通り）＋奇数（3通り）＝奇数（54通り）

となり、すべて合わせると、偶数が27+54で81通り、奇数も27+54で81通りで同じだ。つまりは、x、y、zの3つサイコロを投げると、162通りの出方をして、そのうち和が奇数になるか偶数になるかは半々、$\frac{1}{2}$なんだね。

正解 (2) $\frac{1}{2}$

確率の問題は、もっともっと難しいものもある。私立の難関高で出題されるのは、かなり手強い。どんな勉強でもそうだが、無理に難問に取り組む前に、まず自力で楽に解ける問題を何題かクリアしたうえで、「さあ、挑戦だ！」という気持ちを抱くといいだろう。

※このページは35ページから読んでください。

の数字を調べます。はじめに取り出したカードの数字をa，次に取り出したカードの数字をbとして，$\frac{b}{a}$の値が整数となる確率を求めなさい。　(2015年)

まず、aとbの組み合わせは何通りあるのか、考えよう。

aが1だった場合は、bも1、bは2、bは3、bは4、bは5という5通りだ。

aが2だった場合も同じように5通りだね。そうすると、aは1～5の5通りあるから、全部で25通りだ。

次に、$\frac{a}{b}$の値が整数となるのは以下の場合で、10通りだ。

$a=1$、$b=1$　$a=1$、$b=2$　$a=1$、$b=3$
$a=1$、$b=4$　$a=1$、$b=5$　$a=2$、$b=2$
$a=2$、$b=4$　$a=3$、$b=3$　$a=4$、$b=4$
$a=5$、$b=5$

つまり、$\frac{1}{1}=1$　$\frac{2}{1}=2$　$\frac{3}{1}=3$　$\frac{4}{1}=4$　$\frac{5}{1}=5$
$\frac{2}{2}=1$　$\frac{4}{2}=2$　$\frac{3}{3}=1$　$\frac{4}{4}=1$　$\frac{5}{5}=1$

というわけさ。

もう答えは出た。取り出すのは25通りで、そのうち10通りが整数になるのだから、$\frac{10}{25}=\frac{2}{5}$となる。

正解	$\frac{2}{5}$

これも、表を作るとすばやく解けるよ（1/1は$\frac{1}{1}$のことで、ほかも同様）。

	1	2	3	4	5
1	1/1整数	2/1整数	3/1整数	4/1整数	5/1整数
2	1/2	2/2整数	3/2	4/2整数	5/2
3	1/3	2/3	3/3整数	4/3	5/3
4	1/4	2/4	3/4	4/4整数	5/4
5	1/5	2/5	3/5	4/5	5/5整数

25通りのうち、整数は10通りだと、一目瞭然だ。

この東京都の問題と似た問題は、あちこちの学校で毎年のように出されている。例えば、日大三がそうだ。

袋の中に，1～4の数字がそれぞれ書かれた球が4つ入っている。この袋から球を1つ取り出し，数字を確認してから球を袋に戻す操作を何回か行う。このとき，次の問いに答えなさい。

(1)　球を2回取り出すとき，1回目に取り出した球に書かれた数字と2回目に取り出した球に書かれた数字の和が，3以下になる確率を求めなさい。

(2)　球を2回取り出すとき，1回目に取り出した球に書かれた数字と2回目に取り出した球に書かれた数字が，ともに2以下である確率を求めなさい。

(3)　球を3回取り出すとき，1回目に取り出した球に書かれた数字と2回目に取り出した球に書かれた数字がともに2以下で，3回目に取り出した球に書かれた数字が3以上である確率を求めなさい。　(2015年)

(1)は易しいね。《①②③④》のなかから球を2回取り出す場合、組み合わせはいくつあるだろうか。

①①　①②　①③　①④　　②①　②②　②③　②④
③①　③②　③③　③④　　④①　④②　④③　④④

以上の16通りしかない。

数学の得意な人は、球が4個で、2回取り出すのは、

4 × 4 = 4 2=16

というふうに計算するんだよね。

そして、2つの球の和が3以下というのは、

①①　①②　②①

の3通りしかない。16通りで3通りだから$\frac{3}{16}$が答え。

正解	(1)　$\frac{3}{16}$

これも表を作ってみよう。

	①	②	③	④
①	①①	①②	①③	①④
②	②①	②②	②③	②④
③	③①	③②	③③	③④
④	④①	④②	④③	④④

16通りのうち、和が3以下は3通りだ。

(2)も難しくない。1回目も2回目も2以下である場合は、

①①　①②　②①　②②

の4通りしかない。16通りのうちで4通りだから$\frac{1}{4}$だ。

正解	(2)　$\frac{1}{4}$

(1)(2)がわかれば、(3)も解けるだろう。

(2)でわかったように、《①②③④》から2個取り出すとき、1回目も2回目も2以下の場合は、16通りのうちで4通りしかなかった。$\frac{1}{4}$だった。

そして、3回目が3以上であるのは以下のように考えられる。

《①②③④》から、③か④を取り出すのは、

《①②③④》→《②③④》①
《①②③④》→《①③④》②
《①②③④》→《①②④》③
《①②③④》→《①②③》④

つまり、4通りのうちで2通りしかない。$\frac{1}{2}$だ。

ということは、(2)でわかった$\frac{1}{4}$の、さらにその$\frac{1}{2}$だね。だから、$\frac{1}{4}\times\frac{1}{2}=\frac{1}{8}$だ。

教育評論家 正尾佐の

高校受験指南書

数学 【百拾六の巻】 不得意頻出問題1

今号からは、よく出題されるが苦手な人が多い問題、つまり「不得意頻出《ひんしゅつ》問題」シリーズにしよう。まずは数学だ。大体、数学そのものが苦手だ、嫌いだという人が少なくないのだが、新課程になってから教科書で取り上げるようになった確率・統計がわかりにくい、ややこしいという人が多いようだね。で、都立・県立・私立を問わず、ほとんどの高校で出されている確率を取り上げよう（この『高校受験指南書』は、連載開始以来、その年出題された「ホヤホヤ」の問題だけを扱ってきたと４月号に書いたが、今回からは、頻出問題はそれに限らないことにした。「うそつき！」と抗議されないように、あらかじめ断っておくよ）。

４月号で数学を取り上げたときには千葉県と神奈川県の問題を使ったので、今号では最初に東京都と埼玉県を取り上げよう。まずは東京都の問題だ。

袋の中に，赤玉が３個，白玉が２個，合わせて５個の玉が入っている。

この袋の中から同時に２個の玉を取り出すとき，少なくとも１個は白玉である確率を求めよ。

ただし，どの玉が取り出されることも同様に確からしいものとする。（2015年）

赤玉を❶❷❸とし、白玉を①②とする。《❶❷❸①②》から２個を取り出すのだが、まず１個目が❶だったときは、２個目が❷❸①②のどれかだ。だから、以下のどれかになるね。

❶❷　❶❸　❶①　❶②

つまり、４通りだ（白玉が出るのは２通りだね）。

もし１個目が❷だったら、以下のようになる。

❷❶　❷❸　❷①　❷②

これも、４通りだ（白玉も２通りだ）。

あるいは１個目が❸だったら、以下のようになる。

❸❶　❸❷　❸①　❸②

やはり、４通りだ（白玉も２通り）。

１個目が①だったら、

①❶　①❷　①❸　①②

の４通りで（白玉はもちろん４通りすべてだ）、

１個目が②だったら、

②❶　②❷　②❸　②①

の４通り（白玉も４通り）。

以上をまとめると、４通り×５で20通り。白玉が出るのは２通り×３と４通り×２で合計14通り。

20通りのうち、白玉が出るのは14通りだから、出る確率は20分の14だね。$\frac{14}{20}=\frac{7}{10}$が答えだ。

正解	$\frac{7}{10}$

数学の得意な人なら、球が４個で、２回取り出すのは、

$(3\times2+2\times4)\div5\times(5-1)=14\div20=7\div10$

というふうに、さっと計算するだろうね。

これをもう少し整理して、以下のような表を作ると短い時間で解けるんだ。

	❶	❷	❸	①	②
❶	×	❶❷	❶❸	❶①	❶②
❷	❷❶	×	❷❸	❷①	❷②
❸	❸❶	❸❷	×	❸①	❸②
①	①❶	①❷	①❸	×	①②
②	②❶	②❷	②❸	②①	×

この表を見て、20通りのうち、①か②があるのは14通りだと、すぐにわかるね。

次は埼玉県だ。

１から５までの数字が１つずつ書かれた５枚のカードがあります。

この５枚のカードをよくきって１枚取り出し，カードの数字を調べてからもとに戻します。次に，もう一度，５枚のカードをよくきって１枚取り出し，カード

国語

東大入試突破への現国の習慣

田中コモンの今月の一言！

毎日の積み重ねで、勉強でも「とんでもないところ」に行きますよ！

田中《たなか》 利周《としかね》先生

早稲田アカデミー教務企画顧問

東京大学文学部卒。東京大学大学院人文科学研究科修士課程修了。文教委員会委員。現国や日本史などの受験参考書の著作も多数。

グレーゾーンに照準！今月のオトナの言い回し「第三者」

大リーグのマーリンズで活躍するイチロー選手が、日米通算４２５７安打を達成して、ピート・ローズ氏のもつ歴代最多安打記録を抜き去りました！　偉大な記録の裏側にある途方もない努力の積み重ねを思うと、おいそれとコメントできません。そこでイチロー選手本人に語ってもらうとするならば「小さいことを重ねることが、とんでもないところに行く、ただ一つの道」だ、ということになります。もちろんイチロー選手が打ち立て続けてきた金字塔は、累計ヒット数だけではありません。２００４年（平成16年）には２６２安打を放ってシーズン最多安打のメジャー記録を作り、２０１０年（平成22年）には10年連続２００安打を達成し、先頭打者ホームランは通算37本を数え、２０１５年（平成27年）最終戦では野手でありながら投手デビューを果たし、メジャー史上２人しかいない新人王とＭＶＰと同時受賞者でもあり、45盗塁連続成功を成し遂げ、２００７年（平成19年）のオールスター戦ではメジャー史上初のランニングホームランを記録し…と、枚挙にいとまがありません。そんな素晴らしい記録尽くしのイチロー選手ですが、今シーズン中にはスランプにも陥っています。23打数１安打と当たりがぱったりと止まってしまい、ついには先発から外されました。監督は「必要以上に無理をさせていたかもしれない…」と、42歳のベテランを気遣ってもいました。それでもそこから見事に復調してみせるのがイチロー選手の真骨頂です！　久しぶりに快音を響かせたイチローは、マスコミからのコメントを求められると次のように返答したのでした。

結果がようやく出たことについては淡々と「いや、もうそれは第三者の厳しい目で見てもらったらいいと思います」と受け答え、凡打が続いた間の胸中についても「いやいや、それも含めて厳しい第三者の目で見ていただければ」と再びコメントし、累計安打数の記録についても「それも含めて、第三者の厳しい目で」と繰り返しました。

あれあれ？　どこかで聞いたことのあるフレーズですね。イチロー選手が大リーグ最多安打記録を達成して街角で「号外」が配られた、まさにその翌日、再び「号外」が配られるという出来事がありましたよね。そう、公私混同で信頼を失い辞職してしまった某東京都知事が繰り返していた言葉でした。この「第三者」という言い回しは、色々な意味で今年話題となった言葉として、チェックしておくにこしたことはないでしょう（笑）。

　では「第三者」の「第三」とはどういう意味なのでしょうか？　それは「関係のある二つのもの以外のもの」という意味になります。「第一者」や「第二者」という表現があるわけではありませんので、ご注意ください。「第三者」と対になる表現は何だと思いますか？　それは「当事者」になります。「当事国」（いま、問題になっていることがらに関係している国）という表現も知っておいて下さい。関係していない国はもちろん「第三国」ですからね。因みに「第三世界」という用語は知っていますか？　この用語は、アメリカに代表される自由主義陣営と、旧ソ連に代表される社会主義陣営の二大勢力が世界の政治を支配していた、いわゆる冷戦期に生まれたものです。これには「第一世界」「第二世界」もありますからね。アメリカ・西欧を中心とした国々を「第一世界」、ソ連・東欧を中心とした国々を「第二世界」として、「第三世界」は、そのいずれの勢力にも属さずに、経済的にも技術的にも低水準に甘んじていたアジア・アフリカ・ラテンアメリカ諸国のことを指していました。国語ではなく社会の授業のようですね（笑）。でも「現国の習慣」と銘打っているこのコーナーですので、「現代社会」の知識は欠かすことのできないものだと心得てくださいね！　では続けます（笑）。さて日本はどの「世界」に属していたと思いますか？　もちろん「第一世界」ですからね。お間違えなきよう。ついでに「第三セクター」も確認しておいて下さい。国や地方公共団体と民間企業とが協力してつくった、地域開発などに取り組む事業体ですからね。国や地方公共団体が第一、民間企業が第二ですよ。もう完全に社会の授業になっていますね。それでは『第三の男』は…って、これは映画のタイトルでした。光と影を効果的に用いた映像美で高く評価されている作品です。テーマ曲となったアントン・カラスの演奏も有名ですね。

　「第三者」とは、「いま、さしあたり問題になっていることがらに関係がない人」のことを指し示す言葉になります。ここでいう「関係がない」というのは、決して「重要じゃない」という意味ではありませんので。むしろ「関係がない」という立場にあるからこそ、「重要な役割」を果たす場合があるのだ！　ということを理解して欲しいのです。「利害」関係がない、という立場にあるからこそ、公平な判断ができるはずである、という期待が持たれるのだ、と。だからこそ、「さしあたり問題になっていることがら」が、こじれた場合には、「第三者の判断に委ねよう」ということになるわけですね。お分かりでしょうか。

　さて、いま最もホットな「第三者」の活躍の舞台といえば…「第三者評価」というポジションになるでしょう。例えば、保育所などの社会福祉事業の事業者が提供するサービスの質について、公正・中立な「第三者」の視点で、専門的かつ客観的な立場において評価を行うということ。これが「第三者評価」なのです。「関係がない」立場にあるからこそ、むしろ「重要な役割」を果たすという「第三者」の持つ意味合いが理解できるでしょう。某東京都知事に向けられた「この報告では第三者評価の価値がない！」という批判の意味も、これで皆さんにはお分かり頂けたでしょう。イチローの偉大さとは関係のない話になってしまいました（笑）。

慇・懃・無・礼?!
今月のオトナの四字熟語
「認識能力」

　先月号では記憶力の話題を取り上げました。そこでは「エピソードにして記憶する」という話をしましたね。これについて筆者には興味深い思い出があります。今回はそのエピソード自体をご紹介したいと思います。筆者の小学校の同級生のお父さんが、現役で活躍するプロ棋士でいらっしゃったのです。テレビの将棋対戦の解説も担当されている有名人だったのですが、筆者たち近所の小学生にとっては「○○君のお父さん」という存在でした。将棋の対局の解説をテレビで観たことのある生徒さんならお分かりでしょうが、解説者は最初に指された一手から最後の詰みの一手まで、対局全てを覚えているのです。「この百二十手目の桂馬がポイントですね」なんてあっさり言ってのけます。子どもたちは○○君に「お父さん記憶力がすごいんだよね！」と聞いたことがあります。その時の返答が忘れられません。「お父さんが言ってたけど、僕たちだって百曲くらい歌える音楽を覚えているじゃない。それと同じだって」。それはどういうことでしょうか？

　曲のイントロやサビの部分を聞いただけでパッとどの曲かわかって、歌詞も思い浮かぶという能力。これは何も特殊な能力ではないですよね。それと同じ頭の働きで、将棋の駒の動きがイメージできるということなのです。これは記憶力というよりも認識能力の問題だということは今の筆者には理解できます。

　でも、小学生の時に感じたことは違います。「確かに百曲以上歌える歌があるぞ！　オレってスゴイのかも！」と、自分の能力の素晴らしさに気付かされたのです（笑）。

　イメージを認識することが重要なのです。イメージの力を借りると多くの情報を記憶できてしまうのですよ！　誰でも。

$=\frac{1}{2}\times(2a+6)\times(a+3)-2\times\frac{1}{2}\times 2a\times a$

$=(a+3)^2-2a^2$

$=-a^2+6a+9$

よって、$T-S=17$のとき、

$-a^2+6a+9=17 \Rightarrow a^2-6a+8=0$

$\Rightarrow (a-2)(a-4)=0 \Rightarrow a=2、4$

どちらも適するから、$a=$**2、4**

バスや電車の運行図表（ダイヤグラム）に関する問題も、1次関数の応用としてよく出題されます。

問題2

A駅とB駅を往復するバスの路線があり，1台のバスで運行されている。A駅とB駅の間の道のりは［ア］kmである。バスは毎分500mの速さで走り，A駅とB駅に到着するとそれぞれの駅で7分間ずつ停車する。また，A駅を1回目に出発する時刻は6時30分であり，A駅を出発してからA駅に戻るまでに63分かかる。

次の図は，バスがA駅を1回目に出発してからx分後に，A駅から$y$kmの地点にいるとして，xとyの関係をグラフに表したものである。次の(1)〜(4)に答えなさい。

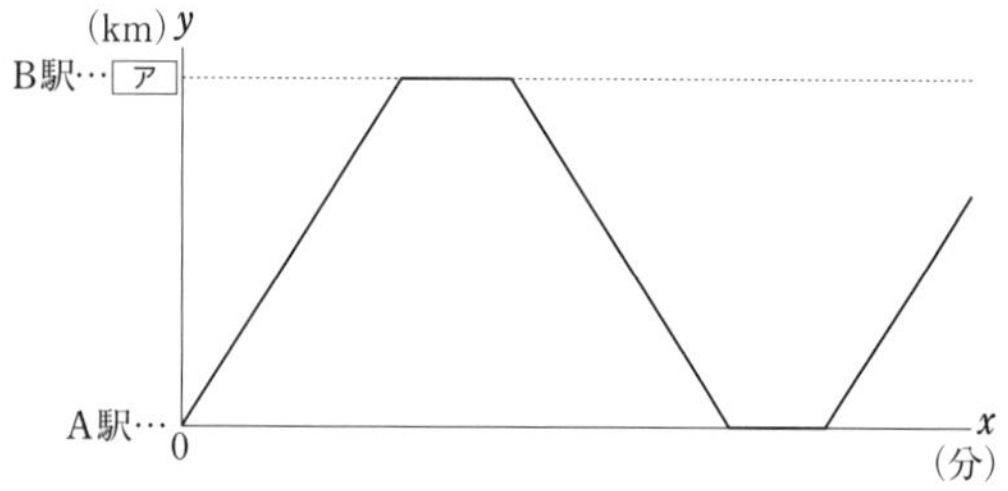

(1) バスが2回目にA駅を出発するのは何時何分か，求めなさい。

(2) ［ア］の値を求めなさい。

(3) この路線に朝1本のみ急行バスを運行することとした。急行バスが7時21分にA駅を出発し，毎分700mの速さでB駅まで走った。バスが急行バスとすれ違うのはA駅から何kmの地点か，求めなさい。

(4) バスは19時以降に，A駅に到着した時点でその日の運行は終了する。バスが最後にA駅に到着するのは何時何分か，求めなさい。（青森県）

<考え方>

(3) 急行バスがA駅を出発する7時21分に、バスがA駅から何km地点にいるかを考えましょう。

(4) バスは70分ごとにA駅を出発することになります。

<解き方>

(1) A駅に戻ったのが出発してから63分後で、その7分後に2回目の出発となるから、

6時30分＋63分＋7分＝**7時40分**

(2) 毎分500mの速さで、A駅からB駅まで、(63−7)÷2＝28分かかるから、

ア＝500×28÷1000＝**14**

(3) A駅を6時30分に出発したバスがA駅に戻るのは7時33分だから、急行バスがA駅を出発する時刻は7時33分−7時21分＝12分前。このとき、バスはA駅より500×12÷1000＝6kmのところにある。この地点から、バスと急行バスがすれ違うまでに2つのバスが進む距離の比は、2つのバスの速さの比5：7に等しいから、2つのバスがすれ違うのはA駅から$6\times\frac{7}{5+7}=$**3.5**(km)地点

＊バスと急行バスの運行を表す直線の式は、それぞれ$y=-\frac{1}{2}x+\frac{63}{2}(35\leqq x\leqq 63)$、$y=\frac{7}{10x}-\frac{357}{10}$となるので、その交点の$y$座標として求めることもできます。ただし、計算がやや複雑になるのが難点です。

(4) 6時30分から19時まで、（19時−6時30分＝12時間30分＝）750分あり、バスがA駅を出発するのは、(63＋7＝)70分ごとだから、

750÷70＝10余り50分より、最終のバスがA駅を出発するのは18時10分。

よって、バスが最後にA駅に到着するのは、18時10分＋63分＝**19時13分**

問題1のような関数と図形の複合問題は、関数の基礎知識に加えて、方程式の解法や図形の定理がしっかりと身についていなければ正解を導けません。また、中3の後半に学習する「相似」や「三平方の定理」などを用いる場合も多いので、まずは交点の座標を求めたり、関数の式を使いこなせるよう基本の練習を行い、加えて、できるだけ多くの問題を解いて、解法のパターンを着実に身につけていくことが大事です。楽ではありませんが、少しずつ積み重ねていくことで、数学の総合力は必ずあがっていきますので頑張りましょう。

また、**問題2**の速さに関する問題は、問題文が長くなることが多いので、問題をよく読むことはもちろん、グラフの意味をしっかりつかみ、条件をきちんと整理していくことがポイントになります。

数学

楽しみmath 数学！DX

基本の積み重ねが 応用問題を 解くポイントになる

登木 隆司先生
早稲田アカデミー 城北ブロック ブロック長
兼 池袋校校長

今回は１次関数の応用問題について学習します。

はじめに、直線のグラフによってできる図形の面積に関する問題です。長さや面積に関して、文字で表された座標を基に方程式を作っていきます。

問題１

図のように，直線$y=x$…①上に点Aを，直線$y=mx$…②上に点Bをとる。A，Bともにx座標をaとし，△OABの面積をSとおく。ただし，$m>1$，$a>0$とする。

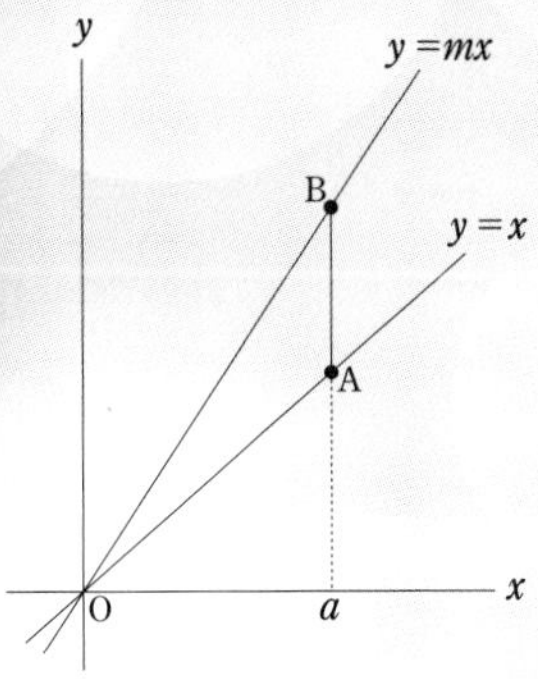

このとき，次の各問いに答えなさい。

(1)　$m=2$，$a=4$とする。Sの値を求めなさい。

(2)　$a=6$とする。$S=6$となるようなmの値を求めなさい。

(3)　$m=3$とする。直線①上に点Cを，直線②上に点Dをとる。C，Dともにx座標を$a+3$とし，四角形ABCDの面積をTとおく。$T-S=17$となるようなaの値をすべて求めなさい。

（東京学芸大学附属）

＜考え方＞

ABの長さは、点Bと点Aのy座標の差で求められ、ABを底辺とするときOABの高さはaになります。

＜解き方＞

(1)　$y=x$、$y=2x$に$x=4$を代入して、A(4、4)、B(4、8)だから、AB＝8－4＝4

よって、$S=\frac{1}{2}\times4\times4=$**8**

(2)　$y=x$、$y=mx$に$x=6$を代入して、A(6、6)、B(6、$6m$)だから、AB＝$6m-6$

よって、$S=\frac{1}{2}\times(6m-6)\times6=18m-18$

$S=6$のとき、$18m-18=6$　⇒　$m=$**$\frac{4}{3}$**

(3)　$y=x$、$y=3x$に、$x=a$を代入して、A(a、a)、B(a、$3a$)　⇒　AB＝$2a$

また、$y=x$、$y=3x$に、$x=a+3$を代入して、C($a+3$、$a+3$)、D($a+3$、$3a+9$)

⇒　CD＝$2a+6$

四角形ABCD＝△OCD－△OABだから、

$T-S$＝△OCD－2△OAB

未来に翔く翼とコンパス

Wings and Compass

説明会日程

第 2 回 ※1	8月 6日(土)	10:00 ～ 11:30
第 3 回 ※1	8月11日(祝·木)	10:00 ～ 11:30
第 4 回 ※1	8月27日(土)	10:00 ～ 11:30
第 5 回	9月10日(土)	14:00 ～ 15:30
第 6 回	10月 8日(土)	14:00 ～ 15:30
第 7 回	10月15日(土)	14:00 ～ 15:30
第 8 回	10月29日(土)	14:00 ～ 15:30
第 9 回	11月12日(土)	14:00 ～ 15:30
第 10 回	11月20日(日)	14:00 ～ 15:30
第 11 回	12月 3日(土)	14:00 ～ 15:30

※1 会場は「北とぴあ 飛鳥ホール」となります。

解説会・相談会

特待入試解説会 ※2	11月27日(日)	13:00 ～ 17:00
個別相談会	12月25日(日)	9:00 ～ 12:00

※2 会場は「東京国際フォーラム HALL B7」となります。

野球部体験会

第1回	8月 6日(土)	14:00 ～ 15:30
第2回	10月 8日(土)	16:30 ～ 18:00
第3回	11月12日(土)	16:30 ～ 18:00

桜丘中学・高等学校共通行事

桜華祭

9/25(日)

9:00～15:00 本校

予約は不要です。

- 校内説明会では、全体会後に、校内見学・個別相談を行います
- すべて予約制です。
- 本校 Web http://www.sakuragaoka.ac.jp/ よりお申し込みください。
- 上履きは必要ありません。 ■ お車でのご来校はご遠慮ください。

学校説明会の申し込みはこちら

• JR京浜東北線·東京メトロ南北線「王子」下車徒歩7分 • 都営地下鉄三田線「西巣鴨」下車徒歩8分 • 都電荒川線「滝野川一丁目」下車徒歩1分
• 「池袋」駅から都バス10分「滝野川二丁目」下車徒歩2分 • 北区コミュニティバス「飛鳥山公園」下車徒歩5分

学校ホームページ

桜丘高等学校

〒114-8554 東京都北区滝野川1-51-12 TEL:03-3910-6161
MAIL:info@sakuragaoka.ac.jp **http://www.sakuragaoka.ac.jp/**
@sakuragaokajshs http://www.facebook.com/sakuragaokajshs

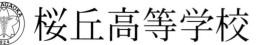

英語で話そう！

川村 宏一先生
早稲田アカデミー　教育事業推進部
英語研究課 課長

朝がちょっぴり苦手な中学３年生のサマンサは、父（マイケル）と母（ローズ）、弟（ダニエル）との４人家族。

リリーはサマンサに明日のクラブミーティングに持っていく食べものについて聞きました。

Lily　：Will we do an usual meeting tomorrow?
リリー：明日はいつものミーティングがあるわね？

Samantha：It was so, wasn't it? Carelessly, I forgot the thing. Thank you for telling me. …①
サマンサ　：そうだったわね。うっかり忘れていたわ。教えてくれてありがとう。

Lily　：Are we going to gather each piece of food? …②
What kind of food do you take to tomorrow's meeting? …③
リリー：ミーティングには、それぞれ食べものを持って集まることになっているじゃない？　あなたは明日、どんな食べものを持っていくつもり？

Samantha：How shall we do? I don't get a good idea.
サマンサ　：どうしよう？　いい案が浮かばないわ。

Lily　：Then how about taking some sandwiches?
リリー：それじゃあ、サンドイッチを持っていくのはどうかしら？

Samantha：That's a good plan! Let's make some sandwiches together.
サマンサ　：それはいい案ね！　いっしょにサンドイッチを作りましょう。

今回学習するフレーズ

解説①　thank you for ～ing	「～してくれてありがとう」 (ex) Thank you for helping us. 「私たちを手伝ってくれてありがとう」
解説②　gather	「(人などが)集まる、集合する」 (ex) We gathered around him. 「私たちは彼の周りに集まった」
解説③　What kind of ～	「どんな種類の～」 (ex) What kind of sports do you like? 「どんなスポーツが好きですか？」

みんなの数学広場

TEXT BY
かずはじめ
数学を子どもたちに、楽しく、わかりやすく、使ってもらえるように日夜研究している。好きな言葉は、“笑う門には福来る”。

初級～上級までの各問題に生徒たちが答えています。
どの生徒が正しい答えを言っているか当ててみよう。
もちろん、当てずっぽうじゃなく、実際に問題を解いてみてね。

問題編

答えは44ページ

上級

南極から北へ１km進んだ場所はいくつありますか？

A
答えは… 無数
南極からはどこも北なんじゃない？
B
答えは… 1
だって北は北だから。
C
答えは… 2
南極を中心とする円周上の直径の両端だと思う。

中級

ある品物をどんどん以下のルールにしたがって２割引していきます。

ルール：金額は小数点以下はすべて四捨五入する

例えば、51円の品物は、２割引後は51×0.8＝40.8円なので、小数点以下を四捨五入して41円になりますが、58円の品物の場合は58×0.8＝46.4円ですから、小数点以下を四捨五入して46円になります。

この割引を繰り返したとき、最終的なお値段は??

A
答えは･･･
1円か2円
場合によってはそうなる。
B
答えは･･･
1円
0にはならないよね。
C
答えは･･･
0円
割引を繰り返せば最後には。

初級

先日インターネットでこんな問題を見つけました。

“４＋６×０÷２の答えはなんですか？”

この答えは？

A
答えは･･･ 0
えっ？　そうじゃないの？
B
答えは･･･ 4
基本よね。
C
答えは･･･ 解なし
0をかけたり割ったりできません。

上級

正解は A

やったね！

南極を中心にした円をイメージしてください。

このとき、その円周上すべての場所から南極を見ると南になります。

南の反対は北ですから、じつは、南極から見ると先ほどの円周上の点はすべて北の場所です。

つまり、南極から北へ１kmという場所は、南極を中心にした半径１kmの円周上の点すべてです。

したがって、無数になるわけです。

B

確かに、南極以外から
なら１箇所だよね。

C

直径の両端？　言葉に
だまされたかな。

中級　正解は A

嬉し〜い

まず、1円の品物の場合は2割引き後は0.8円になり、この四捨五入は1円です。これ以上は何度やっても1円のままですね。
次に、四捨五入の直後に2円になった場合は、その2割引き後は1.6円になり、ここで四捨五入するとまた2円になるため、ずっと2円のままです。
四捨五入後に3円になったときは3×0.8＝2.4円で四捨五入後2円になります。そして上の繰り返しになるので、どの価格に対しても最終的に1円または2円になるのです。

B
計算を間違えたかな？

C
割引だから引き算とは違うんだよ。

初級　正解は B

イエーイ

掛け算と割り算を先に行うので、まず、6×0÷2部分からですよね。
6×0＝0ですから、実質0÷2の計算。これが0になるから…
与式＝4＋6×0÷2
　　＝4＋0÷2
　　＝4＋0
　　＝4
となります。

A
これは小学生からやり直し？

C
0「で」割るなら解なしだけど、0「を」割っているよ。

法政大学

文学部　史学科　3年生
鮫島《さめじま》　理央《りお》さん

実物を見たり触ったり 歴史を身近に 感じています

3専攻から1つを選び より深く学ぶ

――法政大へは法政二高から内部進学したそうですね。

「はい。高校受験で法政二高に入学しました。法政二高と、もう1校の志望校、どちらも合格したので迷ったんですが、塾の先生に自分は法政二高の方が合っているのでは、とアドバイスしてもらって最終的に決めました。実際にその通りで、とても楽しい高校生活を送れました。

　学部は歴史が好きだったので、文学部の史学科を選びました。」

――大学ではどのような勉強をしていますか。

「史学科では、1年生は日本史・東洋史・西洋史をまんべんなく学び、2年生になると、その3つのなかから専攻を絞り、ゼミに所属しながらより学びを深めていきます。私は日本史専攻で、日本近世史のゼミに所属しています。

　ゼミの活動は、江戸時代の御触書集などの資料講読がメインです。4～5人ずつの班ごとに、それぞれ資料の割り当てられた部分をまとめていきます。ゼミには2～4年生が在籍していますが4年生は就職活動中であまり出席しないので、班は基本的に2、3年生で構成されています。

　その活動に加えて、自分の研究も進めていきます。私は昔の研究者が書いた論文を読んだりしながら、江戸時代の大名や武士たちが、大名庭園や武家屋敷をどのように利用していたのかを調査しています。今後は現存する大名庭園などを実際に訪れたいと考えています。」

――特徴的な講義はありますか。

「史学科の『東洋考古・美術史』は、中国の仏教美術や、美術史の変遷な

「かながわ自民党学生部」では街頭演説も行います
（マイクを持っているのが鮫島さん）

テニスを楽しむ鮫島さん

どについて学ぶ講義です。先生が持ってきてくれた骨董品を実際に触ることができるので、みんな興味津々で講義を受けています。５０００万円もする骨董品が登場したときは本当にびっくりしました。

　江戸時代に書かれた古文書を読み解く『日本近世史科学Ⅰ・Ⅱ』は、日本近世史のゼミと関連しているので、同じゼミ生の多くが履修しています。古文書はくずし字で書かれているので、専用の辞書を片手に、まさに暗号を解読するような気分になりながら取り組んでいます。

　くずし字を読めるようになると、博物館などで展示してある昔の資料を読めるようにもなります。ゼミの合宿ではそういった場所をめぐり、フィールドワークをしています。

　他学科の講義では、『産業組織心理学』が特徴的だと思います。いわゆる普通の心理学ではなく、心理学を産業的な側面と結びつけて考えていく講義です。例えば、商品の原価率が高くても利益をしっかり出す方法を取り上げたりと、マーケティングについても学べるのでおもしろかったです。」

――サークルには入っていますか。

「テニスサークルに入っています。法政大には約10ものテニスサークルがあるらしく、私が所属するのはそのなかでも比較的のんびりと活動できるサークルです。新歓合宿、夏合宿、温泉合宿（スノボ合宿と隔年で交代）、追い合宿と合宿が年に４回あります。それぞれ行き先が異なるので、合宿係として毎回行き先を決めるのが大変でしたね。」

――今後の目標を教えてください。

「今後は、スワヒリ語、宗教学など、就職に役立つかどうかは別として、自分の興味のある講義を色々と履修してみたいです。

　将来についてはまだ迷っていますが、貿易関係の仕事に興味があるので、大学在学中に通関士の資格をとろうかと考えています。読書や執筆活動が趣味なので、出版関連の仕事にも興味がありますね。」

政治に関する学生団体

「かながわ自民党学生部」という学生団体で副部長をしています。月に１度定例会を開き、県会議員の方に講演をしてもらったり、自民党幹部の方を呼んで勉強会を行ったりしています。昨年は官房長官を含む３人の大臣を招きました。年に１度、全国の学生部員と交流する機会もあります。

得意科目で苦手科目をカバー

数学が苦手で、苦手を克服するために過去問を10年ぶんくらい解いたりしましたが、なかなかできるようにならなかったので、苦手科目で失点してしまうぶん、得意科目でその失点をカバーするようにしていました。苦手科目があっても、そこで諦めたり、悩んだりするのはもったいないです。苦手科目で30点落としたら、得意科目で30点取り返せばいいんだと気持ちをポジティブに持つようにしてください。

歴史は流れを意識して覚える

社会、とくに歴史は、細かく年号を覚えるよりも、このときにこの人がこれをしたから何年後にこういうことが起こったというように、流れや因果関係を理解しておく方が役立つと思います。難しい言葉が出てきたりするとひるんでしまいがちだと思いますが、簡単なことを難しく言い換えている場合もあるので、なにが問われているのか、本質をしっかりととらえるようにしてください。

まずは身近な課題を設定しよう

もし第１志望に受からなかったとしても、入学した学校でとても楽しく過ごせるかもしれません。その逆で、自分を追い込んでなんとか第１志望に合格したものの、思い通りの高校生活が送れないかもしれません。ですから、あまり自分を追い込みすぎずに、自分の力にほどよく合った学校を選ぶのも１つの方法だと思います。

また、長期的な目標を立てるのも大切なことですが、あまり先のことを考えすぎると、途中で挫折してしまったり、計画倒れしてしまうこともあります。まずは達成できそうな身近な課題を設定して、目の前の課題を１つひとつクリアしていってください。

安田学園《やすだがくえん》高等学校

「学校完結型」の学習環境

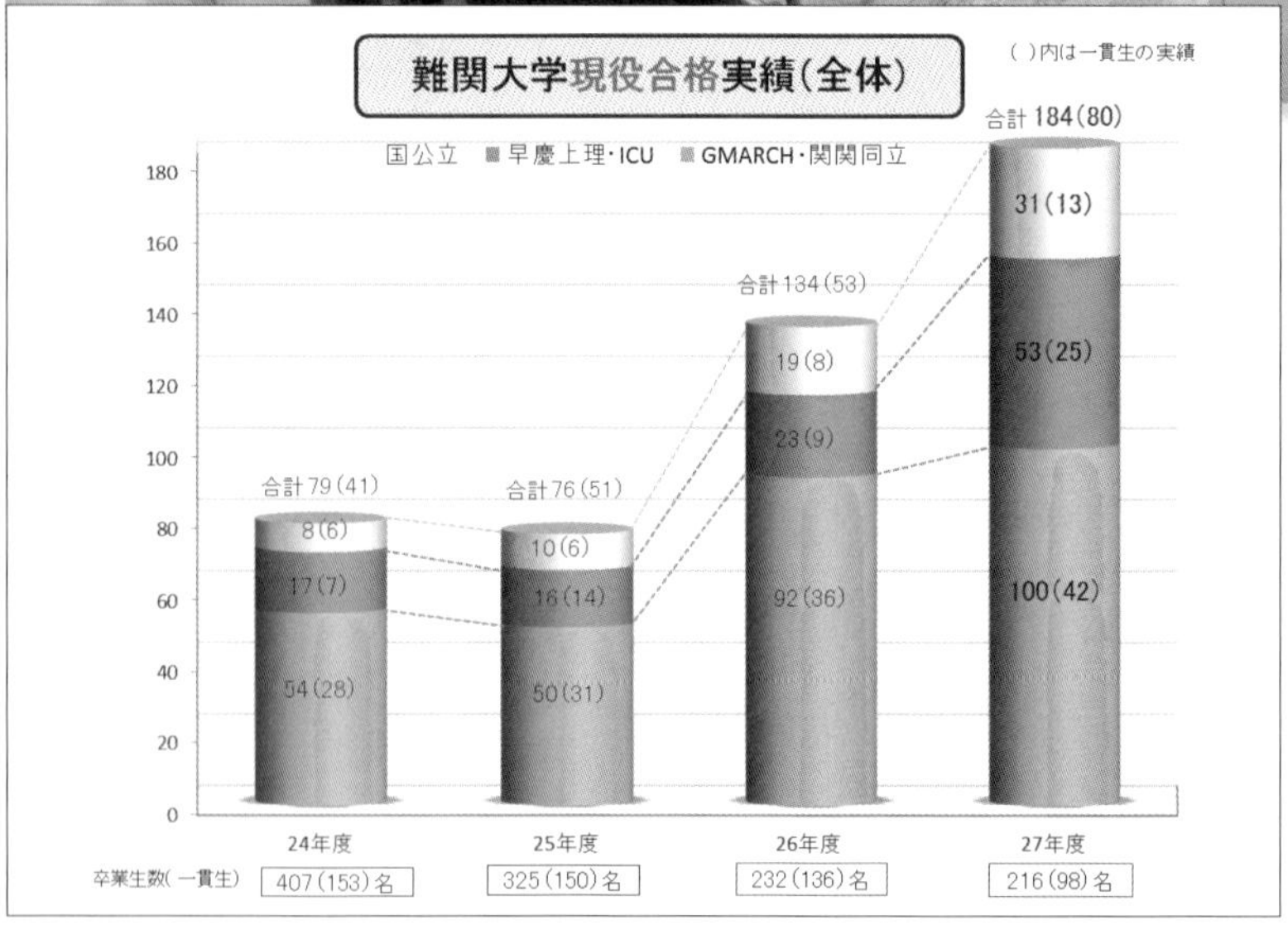

大学現役合格実績の大躍進！

安田学園高等学校(以下、安田学園)は、今年度299名（男子189名、女子110名）の新入生を迎え、高1から高3の3学年すべてが共学となりました。併設の中学校も3学年すべて共学となり、毎日、学園全体に生徒たちの明るく活気に満ちた声が響き渡っています。

昨年（平成27年卒）の現コース制（S特・特進・進学）1期生は前年比1・8倍という飛躍的な大学現役合格実績を残しましたが、今年（平成28年卒）の2期生は、左上のグラフにあるように昨年の実績をさらに大幅に上回る現役合格実績を挙げました。特に国公立（19名⇒31名）と早慶上理（23名⇒53名）の伸びが著しく、先進的な共学の進学校として注目されています。その安田学園の学習指導・進路指導について、高等部教頭の松原晴一先生に伺いました。

「本校は、独自のシステムで『自ら考え学ぶ力』の育成に重点を置き、各コースで生徒それぞれの学力に合った取組みを行っています。そして高2の3学期（1月）から多彩な入試対策演習講座を用意し、国立大2次試験の直前まで、きめ細かく生徒一人ひとりに最適な進路指導を行っています。この本校独自の『学校完結型』の学習指導・進路指導が、昨年や今年の大学合格実績の伸びにつながっているのだと感じています。」

各コースの概要

S特コース

S特コースは、東大など最難関国立大学の合格を目指すコースです。

このコースでは、「論理的に根拠をもって考え表現する力」の育成を目標としており、その実践として、教師が一方的に教えるのではなく、生徒に「必ず理由を言わせる授業」を全科目で展開しています。そして次で紹介する「探究」を通じて、将来、社会で必要とされる「創造的学力」を支える「論理的思考力」や「批判的思考力」をさらに高めていきます。

「探究」とは、個人やグループで気づいた疑問や課題に対し、「疑問⇒仮説設定⇒検証⇒新しい疑問⇒…⇒考察⇒発表」などの方法で、論理的に根拠を持って考える作業です。安田学園では、高1で探究の基礎力をつけるためにグループ探究を行います。野外フィールドワークなどを通じて仮説の検証を行い、更なる高次な疑問⇒仮説へと発展させていきます。そして高2の6月には、シンガポールで現地の大学生に1年間のグループ探究の成果を英語でプレゼンテーションし、そのテーマについてディスカッションします。これらの取組みから、例えば大学入試において「どんな勉強をすればよいのか」「自分には何が足りないのか」など、自ら考え、自ら学ぶ姿勢が育まれます。

特進コース・進学コース

安田学園の基幹コースである特進コース・進学コースは難関国公立大・早慶上理・GMARCHを目指すコースです。

このコースでは、まず自ら学ぶ力（自学力）を育てることに重点を置き、入学直後から行われる、毎朝15分、放課後30分の独習や6月に行われる学習合宿（3泊4日）での60分25回の独習を通じて、「自ら考える学習法（独習法）」を体験的に学ぶことで、自学習慣の確立を目指します。また、基礎学力の徹底にも力を入れており、高1の2学期から英語と数学で週1回の習熟度チェックテストを行い、効果的な学習法をアドバイスします。

この習熟度チェックテストを繰り返し行いながら、高2の1月からは大学入試に向けた放課後進学講座が始まり、3月に行われる進学合宿、長期休暇中の講習会、センター模試演習講座などを経て、大学入試直前まで様々な入試対策演習講座が用意されています。

この「学校完結型」の学習指導・進路指導が大学合格実績にも密接に結びついており、今後さらに充実した講習会等が予定されています。

「学校完結型」の学習環境

安田学園が展開する新たな「学校完結型」の学習環境について広報本部長の金子直久先生に伺いました。

「学校としては、生徒が塾や予備校に頼ることなく、学内で行う学校完結型の学習指導や進路指導のみで第一志望の大学へ現役で進学することを目標としています。なぜなら、生徒を良く理解している先生が指導を行うほうが、生徒にとって効果的であり、質問や相談もしやすく、それが本来の学校としてあるべき姿ではないかと考えています。特に進路指導においては、担任の先生たちが生徒一人ひとりと相談しながら、その生徒の志望校に直結した入試対策演習講座を選択するので、大変効果的な指導ができています。事実、今春の卒業生アンケートでは、通塾率は1割に満たない状況でした。ちなみに、夏期・冬期講習や入試対策演習講座はすべて無料で行っています」と自信を持って語ってくれました。

自ら考え学び、創造的学力・人間力を身に付け、グローバル社会に貢献できる人材の育成を目標に日々進化し続ける安田学園高等学校。来春には共学化第1期生が卒業し、学園の歴史に新たな1ページが刻まれます。

Bungou Retsuden

第21回

古今文豪列伝

宮《みや》沢《ざわ》賢《けん》治《じ》

Kenji Miyazawa

宮沢賢治は１８９６年（明治29年）、岩手県花巻町（現・岩手県花巻市）の質屋などを営む家庭に生まれた。今年は生誕１２０年だね。１９０３年（明治36年）、地元の小学校に入学、童話が好きで、作文が得意だったという。また昆虫採集や石の採集もしていたらしい。１９０９年（明治42年）に県立盛岡中学校（現・県立盛岡第一高）に入学、登山、水晶の採集、哲学の勉強などに夢中になり、多感な中学生活を送ったんだ。短歌を作ったりもしたけど、これは中学校の11年先輩にあたる石川啄木の影響があったみたいだ。

中学を卒業後、鼻炎で入院したが、1年後に盛岡高等農林学校（現・岩手大農学部）に入学、地質調査を専攻した。だけど、文学への興味が増して、同級生らと同人誌『アザリア』を創刊し、短歌や短文を発表し始めたんだ。１９１８年（大正7年）に卒業して同校の研究生になった。童話の創作を始めたのはこのころからしい。

研究生を辞めたのち、上京して一時は民族系の宗教団体に所属して活動をしたが、１９２１年（大正10年）、岩手県に戻り、稗貫《ひえぬき》農学校（現・県立花巻農業高）の教師に就任した。

翌年、よき理解者で闘病中だった妹のヨシが他界、とてもショックを受け、このことはのちに詩に書かれる。2年後に詩集『春と修羅《しゅら》』を自費出版。その年の12月に『イーハトヴ童話 注文の多い料理店』を刊行。その後、詩人の草野心平と親交を結び、草野編集の文芸誌に詩を発表したりもしたんだ。

１９２６年（大正15年）に農学校を依願退職し、花巻町で自炊生活をしながら、詩を発表し続けた。また、伊豆大島など各地を訪ね、農業指導を行ったけど、無理がたたって１９２８年（昭和3年）に肺炎を発症した。一時よくなったけど、１９３１年（昭和6年）に再び倒れた。このころ、手帳にのちに賢治の代表作の1つとなる詩、『雨ニモマケズ』を書き留めている。

病気と闘いながらも多くの詩や童話を発表したけど、１９３３年（昭和8年）、急性肺炎で亡くなってしまった。37歳だった。賢治は生涯独身だった。賢治の詩には造語が多く、非世俗的な感覚があると評された。有名な『銀河鉄道の夜』『風の又三郎』などは彼の死後に発表されたものなんだ。

今月の名作

宮沢賢治

『銀河鉄道の夜』

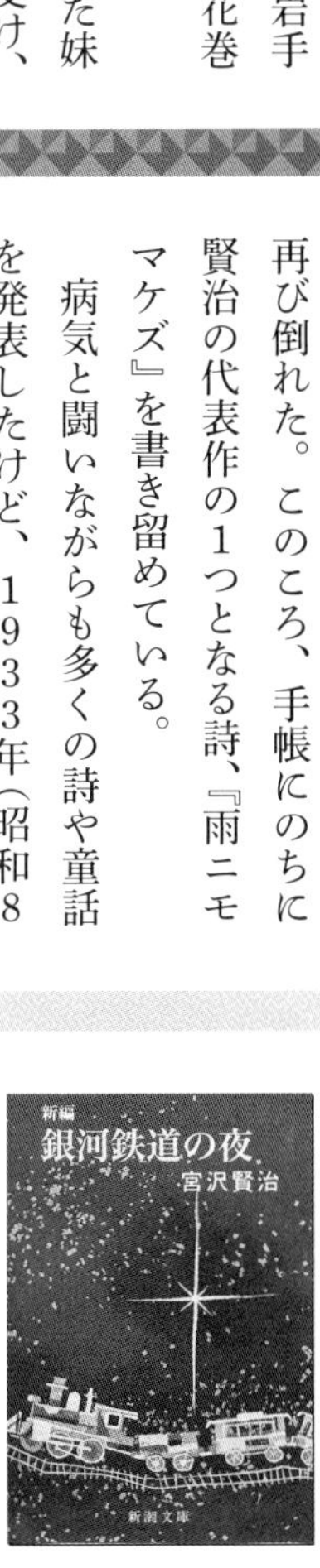

『新編 銀河鉄道の夜』
430円＋税
新潮文庫

銀河の仕組みについて学校で勉強していたジョバンニは放課後、アルバイトをしたあと、パンを買って家に帰る。そして銀河のお祭を見に家を出るが、気がつくと同級生のカムパネルラと銀河鉄道に乗って、宇宙に旅立っていた。

あれも日本語 これも日本語

NIHONGO COLUMN NO.78

「雨」にちなむ言葉 下

雨にちなむ言葉の続きだ。

「雨につけ風につけ」はどんなときでも、という意味だ。雨が降ったり風が吹いたりしたら、屋外での運動などはやりにくいものだけど、どんな悪条件であろうと、いつでも実行するという意思を表わしている。「彼は雨につけ風につけ、３㎞のジョギングを欠かさない」なんて使う。「雨につけても、風につけても」ともいう。

「干天《かんてん》の慈雨《じう》」。干天とは雨が降らずにカラカラに乾いた状態をいうんだ。そこに待望の雨が降ればそれは恵みの雨だね。その雨のことだ。「雨が降らなくて取水制限をしていたけど、ようやく降った。干天の慈雨だ」なんて使うよ。

「朝雨《あさあめ》に傘要《い》らず」。朝の雨はすぐにやむことが多いので、傘の用意はいらない、ということ。そこから悪いことは長く続かないという前向きな意味でも使われる。

「晴耕雨読《せいこううどく》」は晴れた日には畑を耕し、雨が降ったら読書をするという生活をさす言葉で、本来は文人が田園で何事にも束縛されずに静かに過ごす理想的な生活をいうんだ。現代では会社を定年で辞めたりして、自由気ままに悠々自適の暮らしをすることもさすよ。「彼女のお父さんは会社をやめて、いまは晴耕雨読の生活だ」なんてね。

「櫛風沐雨《しっぷうもくう》」。櫛風は風で髪がくしけずられることで、沐雨は雨で髪が濡れること。つまりいつも外で働いていることを意味した言葉で、そこから世の中のあらゆる苦労にさらされることをいう。「彼は苦労を重ねた。櫛風沐雨の人生だ」などという。

「五風十雨《ごふうじゅうう》」はあまり聞かないかもしれないけど、5日に1度風が吹き、10日に1度雨が降ることで、天候が順調で農業に適している状況をさしている。「今年は五風十雨だから、農作物はよく育つぞ」なんてなればいいね。

「春風夏雨《しゅんぷうかう》」は春の風は人に温かさを運び、夏の雨は人に涼しさをもたらす、ということから、人々にそのとき、そのときに合った政策、恵みを与えることだ。そこから人々から慕われる人物をさすこともある。中国の古典から出た四字熟語だね。

山本 勇

中学3年生。幼稚園のころにテレビの大河ドラマを見て、歴史にはまる。将来は大河ドラマに出たいと思っている。あこがれは織田信長。最近のマイブームは仏像鑑賞。好きな芸能人はみうらじゅん。

春日 静

中学1年生。カバンのなかにはつねに、読みかけの歴史小説が入っている根っからの歴女。あこがれは坂本龍馬。特技は年号の暗記のための語呂合わせを作ること。好きな芸能人は福山雅治。

ミステリーハンターQの 歴男歴女養成講座

ミステリーハンターQ（略してMQ）

米テキサス州出身。某有名エジプト学者の弟子。1980年代より気鋭の考古学者として注目されつつあるが本名はだれも知らない。日本の歴史について探る画期的な著書『歴史を掘る』の発刊準備を進めている。

冷戦

今回は、アメリカとソ連が世界を二分した「冷戦」がテーマ。一時は核戦争寸前まで緊張を見せた当時の世界情勢を確認しよう。

勇 新聞で、「いまは第二の冷戦時代だ」って記事を呼んだけど、冷戦ってなに？

MQ １９４５年（昭和20年）に第二次世界大戦が終わって、アメリカとソビエト連邦（以下、ソ連）が世界を二分して対立したことをさすんだ。

静 冷戦だから冷たい戦争なの？

MQ 本当の戦争をするのではなく、それぞれが軍事同盟を作ってにらみあったんだよ。アメリカは西ヨーロッパの国々を中心にNATO（北大西洋条約機構）軍を結成、一方のソ連は東ヨーロッパを中心にワルシャワ条約機構軍を組織し、双方が核を持って対立したんだ。ドイツは分断され、西ドイツはアメリカ側に、東ドイツはソ連側についたんだ。

勇 世界は二分されたんだね。

MQ アジアでも朝鮮半島が二分され、北朝鮮はソ連側に、韓国はアメリカ側になった。ベトナムも北ベトナムはソ連側に、南ベトナムはアメリカ側になったんだ。世界の多くの国がどちらかの側について、対立したわけで、アメリカ側は資本主義、あるいは自由主義圏、西側と呼ばれ、ソ連側は社会主義圏、東側と呼ばれた。

静 どうして戦争にならなかったの？

MQ アメリカもソ連も大量の核兵器を保有していて、片方が使えば、もう片方も使うから、ともに使えない、というジレンマがあったんだ。でも、代理戦争といって、アメリカとソ連の代理のような形で本当の戦争も起こった。

勇 やっぱり戦争があったんだ。

MQ １９５０年（昭和25年）に始まった朝鮮戦争や１９６５年（昭和40年）ごろから本格化したベトナム戦争もそうだ。１９６２年（昭和37年）に起きたキューバ危機は米ソが核戦争をする寸前までいったんだ。

静 日本の立場はどうだったの？

MQ 日本はアメリカの側についたんだ。日米安保条約はその象徴だね。

勇 冷戦はどうして終わったの？

MQ アメリカの軍事力がソ連を大きく上回り、バランスが崩れたのと、東側の人々の自由を望む声を無視できなくなったんだ。１９９０年（平成2年）には東西ドイツが統一され、翌年にはソ連も崩壊してロシアになった。でも、いまはロシアがクリミア半島を併合したり、親ロシア派がウクライナでロシア併合を叫んで戦闘をしたりして、西側諸国とロシアが対立しているんだ。だから第二の冷戦なんていわれるんだね。

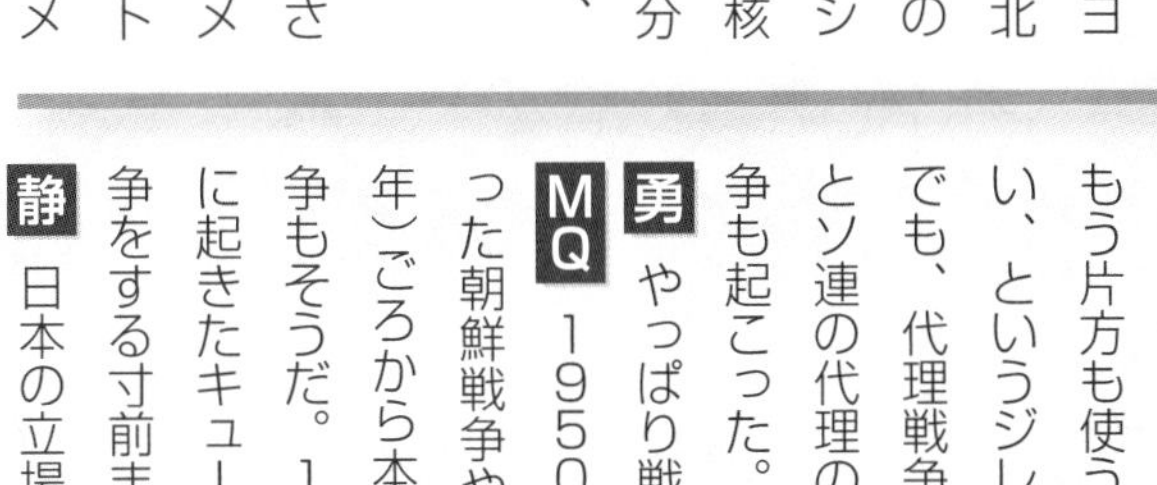

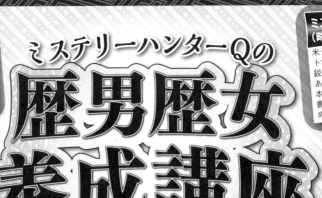

サクニュー！ ニュースを入手しろ！

Success News

▲PHOTO 民主党の大統領候補、ヒラリー・クリントン元国務長官（2016年6月8日アメリカ・ニューヨーク）写真：AA/時事通信フォト

今月のKeyword▼

アメリカ大統領選挙

秋にアメリカ大統領選挙が行われます。同選挙は４年に１度、オリンピック開催の年に行われます。

アメリカは世界の超大国で、大統領は政治、経済、軍事など各分野で国際的に大きな影響力を持っています。

日本は、日米安全保障条約を結んでおり、政治や経済の分野でも多くのつながりがあることから、大統領選挙の行方を注目しています。

大統領の任期は４年です。再選は可能ですが、３選は認められていません。

現在の大統領は民主党のバラク・オバマ大統領で、２期目です。有権者は18歳以上のアメリカ国籍を持つ人に限られています。

アメリカには民主党と共和党の２つの大きな政党があり、実質的には、それぞれの政党に指名された候補者が、一騎討ちとなることがほとんどです。

現在の段階では、民主党は2008年の選挙で、オバマ氏と大統領候補の最終指名を争ったヒラリー・クリントン元国務長官（日本の外務大臣に相当）が指名を確実にしました。彼女はビル・クリントン元大統領の夫人で、もし大統領に当選すれば、アメリカ史上初の女性大統領となるだけでなく、初めて夫婦で大統領を務めることになります。

一方の共和党は過激な発言で知られる不動産王のドナルド・トランプ氏以外の立候補者が次々と撤退を表明したことにより、トランプ氏が指名を確実にしました。

党の候補者選びは、50の州ごとに決定されます。各州でトップの票を得た候補者が、その州を制したことになり、それぞれの州に割り当てられた選挙人を獲得します。その総数が多い人が党の候補者に指名されるのです。

７月中旬に開かれる共和党大会でトランプ氏が指名され、同じく７月下旬の民主党大会でクリントン氏が指名されれば、トランプ、クリントンの両氏で大統領選挙を戦うことになります。

一般有権者による投票は11月８日が予定されており、各州ごとに選挙人を選出します。

選挙人の数は州ごとに決まっており、その州の過半数を制すると、その州の選挙人は、すべてその候補に取られたことになり、その合計が多い方が当選します。したがって、一般有権者の得票が多い方が必ず当選するとは限りません。

来年１月上旬には大統領ならびに副大統領が正式に決定され、１月20日に就任式が行われ、新政権がスタートします。

サクセス書評 8月号

「違うこと」はすばらしいことだ！

今月の1冊 『ぼくには数字が風景に見える』

1988年に公開され、アカデミー賞作品賞などを受賞したアメリカ映画『レインマン』。観たことがある人もきっといることだろう。主演の1人、ダスティン・ホフマン演じるサヴァン症候群（後述）のレイモンドには、モデルとなった人物がいる。キム・ピークという実在の人（2009年に58歳で死去）で、生年月日を聞くだけでそれが何曜日かすぐにわかるなど、数々の記憶にまつわる人並み外れた能力を持っていた。

サヴァン症候群とは、知的障害や発達障害がある人のうち、特定の分野に限って優れた能力を持つ人のことをいう。

原因など、特定されていないことはまだまだあるが、そういったすばらしい能力を持つ一方で、障害のために日常生活などに支障をきたす人も多い。

本書『ぼくには数字が風景に見える』の著者ダニエル・タメットもまた、そうした1人だ。

彼は1979年にイギリスで生まれた。最終的に9人兄妹になる大家族の長男で、幼少期から数字などに対して非凡な才能を見せると同時に、毎日同じ時間に同じことをしないと気が済まない、突発的な事態に対応できないなど、自閉症スペクトラム（自閉症やその周辺の障害の間にはっきりした境界線は引けないので連続体としてとらえよう、という考えかたから生まれた呼称：本書より引用）の範疇《はんちゅう》に入る障害を持っていた。

人と違うがために、周りとうまくなじめず、幼少期は苦労することが多かった。しかし、こういった障害への研究・理解が現在ほどに進んでいなかった当時にあっても大きな愛情を注ぎ続けてくれた両親、家族のおかげもあって、ダニエルは少しずつ自分の周りの世界を広げていく。

そんな彼の生い立ちが綴《つづ》られた本書は、終始淡々とした文章ながら、彼がさまざまな困難にぶつかりながらも、周囲の助けを得て、その壁を越えていく様子が描かれている。読後に感じることは、その人の立場によって本当にさまざまだと思うけれど、ぜひ読んでみてほしい一冊だ。

『ぼくには数字が風景に見える』
- 著者：ダニエル・タメット
- 訳：古屋美登里
- 価格：730円＋税
- 刊行：講談社

サクセスシネマ

VOL.78

SUCCESS CINEMA

夏に見たいおすすめアニメ

サマーウォーズ

2009年／日本
監督：細田守

「サマーウォーズ」
Blu-ray&DVD発売中
Blu-ray：4,800円+税／DVD：4,800円+税
発売元：バップ

ネットテロに挑む家族と青年

本作は、インターネット（ネット）上の仮想世界で起こった出来事が現実世界に波及し、世界中が大パニックになるという物語。もちろん、フィクションではありますが、まんざら現実離れした話でもないでしょう。

健二は高校2年生。夏休みに、憧れの先輩・夏希からあるバイトの誘いを受けます。その内容は、長野の田舎に住む夏希の曽祖母の家に行くというもの。健二は喜んでバイトを引き受けますが、そこでとんでもないことが起こるのです。

物語の発端は世界一安全といわれるネット上の仮想世界“OZ（オズ）”のセキュリティが破られたこと。個人から国規模の組織まで、世界中のアカウントが盗まれたことで信号や水道など社会の秩序がめちゃくちゃに。この事件にどうやら健二がかかわっているようで…。

曽祖母を中心に、親戚中が強いきずなで結ばれている夏希たちを見ていると、古きよき日本の家族の形が感じられます。彼らと健二が力を合わせてネットテロに挑む熱き戦いは夏にピッタリ！　そして壮大なクライマックスも必見です。

となりのトトロ

1988年／日本
監督：宮崎駿

『となりのトトロ』
発売元：ウォルト・ディズニー・スタジオ・ジャパン
価格：DVD2枚組　4,700円＋税

不思議な生き物トトロとの物語

『となりのトトロ』といえばだれもが知っているジブリの人気映画。夏になると不思議と見たくなりませんか？

サツキとメイの姉妹は、母親の療養のため、父親とともに空気のきれいな田舎に引っ越してきました。古い家は、周囲を深い森に囲まれ、いかにもなにかが出てきそうな雰囲気。この家と森を舞台に、サツキとメイ、そして森の主・トトロの不思議な夏物語が始まります。

メイに捕まるまいと逃げる小さなトトロたち。ある雨の日に葉っぱを傘にたたずむ大きなトトロ。大小のトトロが出てきて、どれも愛らしさ満点！　その姿にだれもが心躍らせることでしょう。そして猫バスが空を飛ぶシーンには思わずワクワクしてしまいます。

多くの人が口ずさむテーマソング『となりのトトロ』とともに、猫バス、まっくろくろすけなどの名キャラクターたちがストーリーを盛りあげます。元気いっぱいのメイ、家族思いのサツキと、登場人物も魅力的。心温まるハートウォーミングストーリーを、この夏、いま一度、見てみてはいかがでしょう。

蛍《ほたる》火《び》の杜《もり》へ

2011年／日本
監督：大森貴弘

『蛍火の杜へ【完全生産限定版】』
ANZX-6500
7,128円（税込）
Blu-ray発売中
発売元：㈱アニプレックス
販売元：㈱ソニー・ミュージックマーケティング

森で育まれる切ない恋

本作は44分の中編アニメーション映画。少女・蛍と、妖怪の森に住む人間の子・ギンの恋を描いたファンタジー。

ギンは妖怪に術をかけられ、人間に触れられると死んでしまうという不思議な存在。そんなギンに恋をしたのは、ごく普通の人間の女の子・蛍です。蛍は、小学生だったある夏、祖父の家の近くにある森で迷子になり、ギンと出会います。その森は妖怪たちと山神さまが住むと言われる森。2人は仲良くなり、毎年夏になると、ともに時間を過ごしていました。

ギンと蛍が森でたわいもない会話をしながら過ごす時間がほほえましく感じられますが、中学生、高校生と成長する蛍に反して、ギンは出会ったころと姿形が変わりません。生きる世界が違うこと、そして、惹かれあっていても決して触れあえないという現実が切なく胸に響いてきます。夏の美しい風景とともに、2人のまっすぐな思いから、恋の美しさ、切なさを感じることができる作品。

原作は緑川ゆきの短編漫画で、国内のアニメーション映画賞を受賞したほか、海外でも高い評価を得ています。

精神科医からの処方箋

子どものこころSOS

大人の知らない「子どものこころ」。そのなかを知ることで、子どもたちをめぐる困難な課題を克服する処方箋を示唆。気鋭の精神科医・春日武彦が「子どものこころ」を解きほぐし、とくに受験期に保護者がとるべき態度や言動をアドバイスします。

A5判　並製224ページ
定価　1,700円＋税
ISBN978-4-86512-091-2

価格改定 普及版

新装刊

精神科医　春日 武彦　著

「率直に言って、受験を迎えるお子さんがいるご家庭においては、親子ともに『こころの健康マネージメント』が必要だと感じています。しかし、これを実際におこなっていくのは、なかなかむずかしい。本書は、現実生活のなかでどう対応したらよいのかを、学説や教育論ではなく、こころに届く絶妙な筆致で綴った得難い一冊です」（教育評論家・森上展安）

子どもの
こころ？

受験期には
どう接すれば
いい？

子どもと
うまく
つきあいたい

★ご注文方法
本書は一般書店にてお買い求めになることができます。万が一、書店店頭に見当たらない場合には、書店にてご注文のうえ、お取りよせいただくか、弊社営業部までご注文ください。ホームページからもご注文いただけます。

株式会社 グローバル教育出版
〒101-0047 東京都千代田区内神田２－４－２　グローバルビル
TEL：03-3253-5944（代）　FAX：03-3253-5945

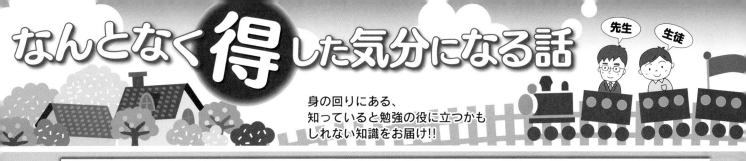

線路の幅　その2

（鉄道の線路幅の話が前号から続いています。都営地下鉄のなかで、新宿線だけがほかの線路と違う線路幅1372mmで、その理由に京王線が関係ある…というお話でした）

線路幅1372mmというのは、東京馬車鉄道の幅なんだよ。いわゆるチンチン電車だね。だから例えば、いまでも都電荒川線の幅は1372mmなんだよね～。

へえ～。そういえば、ぼくも都電荒川線に乗ったことあるけど、途中区間は車といっしょに道路を走ってるよね。

その通り！　その昔、都電は東京市電と言われていて、その前は東京馬車鉄道、つまり馬が引いていたんだよ。

それはわかったけど、どうして都営新宿線だけが都営地下鉄のなかで1372mmになったわけ？

そうだったね。じつは京王線が東京市電、さらに都営新宿線と乗り入れをしようと考えていたらしいんだ。だから線路幅を馬車鉄道幅に合わせたわけ。

じゃあ、そのころから異なる鉄道会社が乗り入れをするという考えはあったんだ。

そうだね。でも、結果的に京王線は東京市電との乗り入れをすることができなかったんだ。まあ、色々話し合いが難航したようだよ。

そうだったんだね。乗り入れといえば、いまは、地下鉄に乗ると、色々な電車が乗り入れていて、これは何線？　とわからなくなるときがあるなあ。

確かに、地下鉄有楽町線なんて西武線と東武線の両方と乗り入れをしているから、行先表示をよく見ないと間違いそうだよね。あとは車内アナウンス！　これもよく聞かないとね。

先生！　突然なんだけどさ。

なんだい？

電車の話をしていて思い出したんだけど、前にテレビかなにかで、地下鉄銀座線と丸ノ内線は標準軌の1435mmで、確かパンタグラフ？　がないとかなんとか言っていたような気がするんだけど…。

そう！　よく覚えていたね。電車の上にくっついている電気を取り入れる装置をパンタグラフというんだけど、それがない。

じゃあ、どこから電気を取るの？

線路からだよ。

えっ、線路？　線路に電流が流れてるの？

まあ正確に言うと、第３軌条といって、電車の走行用のレールの横に電気が流れるレールが敷いてあるんだ。このレールに集電靴（コレクターシュー）と呼ばれる装置を接触させて電気を取るんだよ。この集電靴は電車の車輪の横についていて、先生が子どものころは、銀座線や丸ノ内線に乗ると駅のホームに地下鉄が入る瞬間に集電靴の切り替えでいつも車内の電気が消えて真っ暗になったもんだ。

よくわかんないけど、いまは銀座線と丸ノ内線は停電しないよね。

技術の進歩というやつだ。いまでも集電靴で電気を取っているけど、確かに車内の電気は消えない。

でもなんでそんなことするの？

前号のミニ地下鉄と同じ理由なんだ。パンタグラフがないぶん…。

地下鉄のトンネルの大きさを小さくできる！

そう、正解！　パンタグラフぶんの高さを軽減できるからね。

それだけトンネルを作るって大変なんだね。でも、ということは、この第３軌条で作った地下鉄には、他社の乗り入れはできないってことになるのかな？

その通りだね。そういう意味では、数学の勉強にも似てるよね。

えっ、なんで？

教えられた方法以外受け入れない学生と、なんでも受け入れる学生がいるでしょ？

それがどうつながるの？

受け入れられない学生は学力が伸びない。受け入れられる学生は学力が伸びる。ちょうど、線路幅で乗り入れできない鉄道は、それ以上延伸できないのと同じってことだよ。

深い…。

文部科学省スーパーサイエンスハイスクール（SSH）
スーパーグローバルハイスクール（SGH）アソシエイト指定校

国際教養コース　**理数キャリア**コース　**スポーツ科学**コース

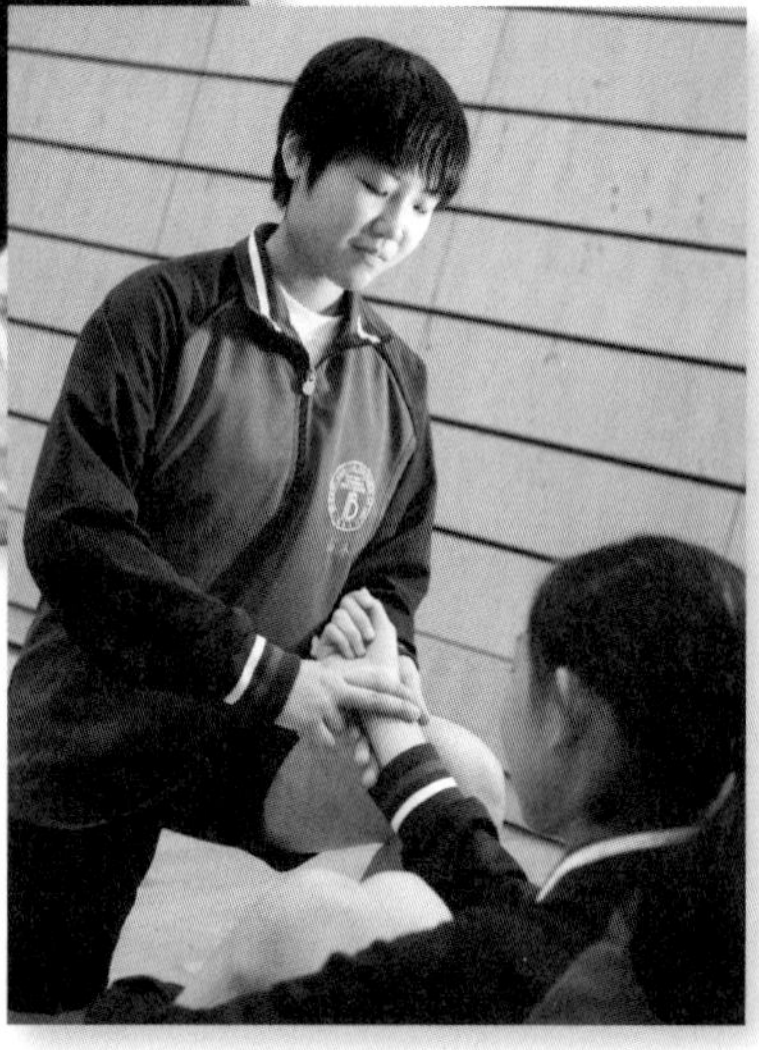

学校説明会

7月31日（日）10：00～12：00、14：30～16：30
8月27日（土）10：00～12：00 コース体験【要予約】
10月29日（土）14：30～16：30
11月 4 日（金）18：30～20：00
12月 3 日（土）14：30～16：30
12月 9 日（金）18：30～20：00

授業が見られる説明会

9月17日（土）10：00～【要予約】
10月15日（土）10：00～【要予約】
11月19日（土）10：00～【要予約】

学校説明会：入試解説

11月 6 日（日）
11月23日（祝）

午前の部 10：00～12：00
午後の部 14：30～16：30
＊午前の部と午後の部は同内容です。

個別相談会

12月17日（土）
12月18日（日）
12月24日（土）
12月25日（日）

各回とも 10：00～16：30
＊個別相談のみをご希望の方は【要予約】

文女祭《あやめ》（学園祭）	部活体験 week
9月24日（土）・25日（日） 10：00～15：00 入試相談できます	10月3日（月）～ 8日（土） 16：30～18：00 【要予約】

＊各回共、校舎見学・個別相談をお受けしています。

文京学院大学女子高等学校
Bunkyo Gakuin University Girls' Senior High School

〒113-8667 東京都文京区本駒込 6-18-3
http://www.hs.bgu.ac.jp/　tel：03-3946-5301　mail：jrgaku@bgu.ac.jp
＊最寄り駅…JR山手線・東京メトロ南北線「駒込」駅南口より徒歩５分　JR山手線・都営三田線「巣鴨」駅より徒歩５分

高校受験 ここが知りたい Q&A

Q

附属中からの進学者と高入生はなじめますか？

附属中学校がある高校を志望しています。高校から入ると中学からいる人たちとうまくやっていけるかどうか非常に心配です。すでに3年間その学校に通っている人たちのなかに高校から入学して、なじんでいけるものでしょうか。

（神奈川県横浜市・中3・YR）

A

心配無用です。高入生かどうかは次第と気にならなくなります。

まず結論から言うと、まったく心配はいりません。中学から入学しているか、高校から入ってきたかは、徐々に気にならなくなります。

私の経験をお話ししますね。私は附属小学校・中学校がある学校に高校から入学しました。小学校からあがってきた人は9年間、中学からあがってきた人は3年間という期間をすでにその学校で過ごしているわけです。

入学前は「高校から入学して前からいる人たちとうまくやっていけるかな」と心配していましたが、実際にはなにも問題はありませんでした。中学から入学した人たちは中1のときに同じ思いをしていますし、小学校からいる人たちも高校から新しく入ってきた仲間に温かく接してくれました。

もちろん慣れるまでに多少時間はかかりましたが、入学して3カ月も経たないうちに、違和感がなくなりました。高1の夏休みごろになると、だれが高入生なのかということは意識されず、校内でもまったく話題にもならないほどでした。

小学校・中学校がある附属校が高校入試を実施しているのは、違った環境で育ってきた新しい仲間をそれぞれの段階で加えていくという目的があるからです。つまり、その仲間を迎える準備ができているということですから、心配することなく進学してください。

Success Ranking

山の高さ・河川の流域面積ランキング

もうすぐ夏休み。山や川に遊びに行く人も多いんじゃないかな。ところで、みんなは日本の高い山、流域面積の広い河川トップ10を知っているかな？　この機会に世界のトップ10も合わせて覚えよう。

日本ランキング　山の高さ　世界ランキング

順位	山名	所在都道府県	高さ（m）
1	**富士山**	山梨、静岡	3776
2	北岳	山梨	3193
3	間ノ岳《あいのだけ》	山梨、静岡	3190
3	奥穂高岳	長野、岐阜	3190
5	槍ケ岳	長野	3180
6	東岳	静岡	3141
7	赤石岳	長野、静岡	3121
8	涸沢《からさわ》岳	長野、岐阜	3110
9	北穂高岳	長野、岐阜	3106
10	大喰《おおばみ》岳	長野、岐阜	3101

順位	山名	所在国（地域）	高さ（m）
1	**エベレスト**	中国、ネパール	8848
2	ゴドウィンオースチン	（カシミール、シンチャン）	8611
3	カンチェンジュンガ	インド、ネパール	8586
4	ローツェ	中国、ネパール	8516
5	マカルウ	中国、ネパール	8463
6	チョーオユ	中国、ネパール	8201
7	ダウラギリⅠ	ネパール	8167
8	マナスル	ネパール	8163
9	ナンガパルバット	（カシミール）	8126
10	アンナプルナⅠ	ネパール	8091

日本ランキング　河川の流域面積　世界ランキング

順位	河川名	所在都道府県	流域面積（㎢）
1	**利根川**	東京ほか５県	1万6842
2	石狩川	北海道	1万4330
3	信濃川	新潟ほか２県	1万1900
4	北上《きたかみ》川	岩手、宮城	1万150
5	木曽川	長野ほか３県	9100
6	十勝川	北海道	9010
7	淀川	大阪ほか５府県	8240
8	阿賀野《あがの》川	新潟ほか２県	7710
9	最上川	山形、宮城	7040
10	天塩《てしお》川	北海道	5590

順位	河川名	所在国	流域面積（㎢）
1	**アマゾン**	ブラジル	705万
2	コンゴ	コンゴ	370万
3	ナイル	エジプト	334万9000
4	ミシシッピーミズーリ	アメリカ	325万
5	ラプラターパラナ	アルゼンチン、ウルグアイ	310万
6	オビーイルチシ	ロシア	299万
7	エニセイーアンガラ	ロシア	258万
8	レナ	ロシア	249万
9	長江	中国	195万9000
10	ニジェル	ナイジェリア	189万

出典：「日本の統計2016」「世界の統計2016」（総務省統計局）（http://www.stat.go.jp/data/nihon/01.htm、http://www.stat.go.jp/data/sekai/0116.htm#c01）を基に作成

受験情報

東京

2017年度都立高校一般入試は2月24日

東京都立高校の2017年度（平成29年度）入試日程が発表された。

■推薦に基づく選抜

◇入学願書受付日
2017年1月23日（月）

◇入学者選抜実施日
1月26日（木）、27日（金）

◇合格発表
2月2日（木）

> ※**国際**の国際バカロレアコースの入学者選抜も上記日程で実施する（一般のみ）。ただし、入学願書受付は、1月23日（月）と24日（火）の2日間で実施する。

■学力検査に基づく選抜

◆1次・分割前期

◇入学願書受付
2月7日（火）、8日（水）

◇学力検査日
2月24日（金）

◇合格発表
3月2日（木）

◆2次・分割後期

◇入学願書受付
3月7日（火）

◇学力検査日
3月10日（金）

◇合格発表
3月16日（木）

「東京ジュニア科学塾第1回」申し込み9月9日まで

東京都教育委員会は10月2日、2016年度（平成28年度）「東京ジュニア科学塾（第1回）」を開催する。科学の専門家による指導を受けることができる無料プログラム。東京ジュニア科学塾は都教委主催で、理科・数学等に対する意欲をさらに伸ばし、科学好きの生徒を増やすため2014年度（平成26年度）から実施されている。年間3回の実施。

第1回にあたる10月2日は東京理科大学理学部物理学科教授による講義が行われる。「地球環境問題を考えるための実験」として、私たちが生きていくことができる地球を守っていくため、さまざまな実験を通して地球環境問題を考える。

参加対象は、都内の公立中学校に在籍する1・2年生であり、科学の専門家による指導を受ける意欲がある生徒、保護者が必ず送迎できる生徒。東京都教育委員会ホームページにある受講申込書に必要事項を記入して申し込む。締切りは9月9日、定員288名を満たすまでの先着順。

Educational Column

15歳の考現学

新設のコース名に感じる覚悟
卒業後のどこに焦点をおいているのか

森上《もりがみ》 展安《のぶやす》

森上教育研究所所長。1953年、岡山県生まれ。早稲田大学卒業。進学塾経営などを経て、1987年に「森上教育研究所」を設立。「受験」をキーワードに幅広く教育問題を扱う。近著に『教育時論』（英潮社）や『入りやすくてお得な学校』『中学受験図鑑』（ともにダイヤモンド社）などがある。教育相談、講演会も実施している。
HP：http://www.morigami.co.jp
Email：morigami@pp.iij4u.or.jp

めざす姿を印象づける新たな名称でコース新設

今年から来年にかけて新設のコースを作る高校が4校あります。

そのうち3校は高校募集の新設、再開、さらに共学化・移転し改めての募集です。また、**日大豊山女子**が、新しく「特進コース」を募集します。

まず高校募集を新設するのは、鶴見にある**聖ヨゼフ学園**という中高一貫の女子校です。キリスト教主義をバックボーンとした小中高一貫校です。

もともと1学年60名ほどの小さな学校で生徒の満足度が高い学校ですが、高校からは総合進学コースと、アドバンストイングリッシュコースの2コースでの募集となります。

もう1校は**麹町学園女子**で、その名の通り、千代田区麹町にあって、かつては高校募集もしていましたが近年は中高一貫校として一貫教育を充実してきました。

新コースが新設されるのは、高校からの東洋大学グローバルコースで、80名枠で東洋大学のほとんどの学部に、希望すれば全員が進学できます（一部にできない学部があるとのこと）。

もう1校は、**芝浦工大**が、同附属と名称も変更、豊洲に移転して、高校からは共学校として募集をします。ちょっと珍しいですね。

冒頭で触れた日大豊山女子は、最もシンプルな、コースの新設です。男子の**日大豊山**からみえた新校長が、女子校にもともとあった都内女子校唯一の「理数科」に加えて、別に新たに「特進」を設けようというものです。確かにそうなると「日大」という名称とは、少々違った印象になります。つまり「他の大学もめざしていますよ」というアピールが見えているということなのです。

こうして附属校のコースを増やすところと、進学校化をはっきりさせるところの両方向の動きです。

高校受験から大学受験まで3カ年しかないこともあり、より明確にコース名をうたうようにもなっているのでしょう。

昨年からですが、**明星**はMGSというコースができています。明星グローバルサイエンスコースの略称だということですが、アルファベットで並べてコース名にするところがイマ風です。もっともグローバルサイエンスにしてもわかるようでわからない、と言えますが、漢字2字で「特進」とか「総合」とかでも、わかるかと言われれば符帳のようなところは同じかもしれません。

考えてみれば日大を冠する学校が他大学進学コースを作り、進学校が特定大学系列コースを作るという真反対の動きが出たり、かと思えば伝統私学が流行のカナ文字コースを作るという一見驚くようなことになっているのはまさに奇観です。

学校名は理念を表し コース名で機能を語る

こうした場合、学校名は創立の理念であり、コース名は機能名と考えることに、筆者はしています。したがって学校選びは当然ながら機能で選び、次に理念を押さえておく、ということになるべきで、理念だけをみて即断してはいけないのですね。

機能こそが大事ですから、そもそもそのうたう機能が十分に効能書き通りであるか、あるとすればそのバックボーン（つまり行動規範あるいは憲法ともいうべきもの）としての学校の理念はどうなのか、という順に注目していくとよいはずです。

ところで日常的にはこうした校名の下にコース名をつける、というブランドのつけ方は、日常生活では経験済みでしょう。筆者の実家は小さな商店でしたから、例えばサントリーというブランドの下にリザーブだ、山崎だ、角だ、という子ブランドがあったのを思い出しますし、車でもトヨタのブランドにクラウンやマークＸがあるということはよく目にされる通りです。

この場合、サントリーやトヨタにあたるのが、学校では校名ということになりますね。つまり看板であり信用ということになります。伝統ブランドになればなるほど、当初のブランドのいわれは変えられ、早稲田という地名、慶應という時代名とのみ受け取りがちですが、早稲田と慶應の場合は、名が通っていることもありますが、むしろ野球をはじめとしたイベントで応援歌や校歌、校風がよく人々に膾炙《かいしゃ》されることでイメージのしやすさがあります。

しかし、多くの場合、東洋英和女学院や日本女子大などのように朝ドラでその学園が取り上げられるなどして初めて、イメージができたりするものですね。

その場合は、校名がなにを表すかには意識はあまり向かいませんから、コースあるいはクラスで子ブランドをつけて機能性を訴求するという手法をとるのです。

モノの場合であれば、形や他の類似品との違いを強調しますね。ＣＭなどはそこをいかにうまく見る人に共感してもらえるか、印象に刻んでもらえるか、という数秒の勝負です。

高校のコース名は通常日大豊山女子のような、進学先および指導内容の難度を「特」をつけて示す、あるいは聖ヨゼフのように「アドバンスト」をつけてしめす、というのが普通ですが、麴町学園女子の場合の東洋大学グローバルコースにしても、明星のＭＧＳにしても、その難度は前面に出ず、差別化は高大接続あるいは連携による中身の連続性におかれています。前者が大学受験を目標、ゴールと設定しているのに対して、後者はその先、つまり将来の就業分野へのアクセスにポイントをおいていて、目標・ゴールは言ってみれば仕事に向かっているのですね。

人工知能の時代がくれば 人に求められるのは活用知

前者の場合は、受験の世界ですから多く説明しなくともよいと思いますが、後者の仕事の世界は最近、富みに強調され始めたことです。

というのも、新井紀子さんという国立情報学研究所教授の、最近よく取り上げられている言説があって、人工知能の発達に人間が勝てるのは、さまざまな教科の「知識」ではなくて、それらを問題解決にどう使えるか、という「活用知」だというのもです。

今後、人間の周りの仕事は人工知能によって肩代わりされていくことが予想されています。

いわば多くの仕事がロボットに代わられていく可能性が大きい。それでも私たちは仕事の糧を得られなければ生きていけないのですから、人工知能にはできない、苦手な分野で、人間にはできて得意なことに学習をシフトしていかなければならない、と考えられているのです。

それが「活用知」です。

当然、学習方法も違ってきますし、評価の観点も違います。冒頭各校の新しいコースがそれをどこまで追求しているかはわかりませんが、そういう方向にあるというのは大切なポイントだと思います。

名は体を表す、というと理数科とグローバルサイエンスは同じようにみえますが、ゴールが大学の門にあるのか、その先にあるのかの違いなのですね。

私立
INSIDE

東京私立 この春の動向から
来春入試を探る

今春、都立高校は一般入試の選抜方法を大きく変更、その影響からか私立上位校の推薦入試に影響が出ました。今回はこの春の東京都内私立高校の入試状況をまとめながら、予想できる範囲で来春の東京私立高校入試状況を探ってみたいと思います（データは㈱進学研究会の協力を得ました）。

都立の改革が微妙に影響

2016年度（平成28年度）の都内私立高校183校の総受験者数は、推薦入試で2万3550名、一般入試で7万4751名でした。昨年と比べると推薦で約200名程度増え、一般では約300名減りました。

推薦と一般を合計して、その数を増やした学校は100校、減らした学校は83校でした。

推薦入試で受験者を増やした学校は91校、減らした学校は70校でした。

一般入試で増やした学校は94校、減らした学校は86校となっています。

●推薦入試

この春の都内私立高校の推薦入試は1月22日から実施されました。

都内の受験生が受験できる推薦入試は、合格したら必ず入学する単願推薦です（併願推薦・B推薦を近県向けに実施している学校もありますが、都内在住生は受験できません）。

推薦入試を大きく分類すると、

①12月の入試相談（中学校の先生と高校の先生で行われる事前相談）を経て推薦基準に達していればほぼ合格できる推薦。

②推薦基準はあくまでも応募資格で、学力を見極めるための適性検査で基準に達しないと合格にならない推薦。

以上の2種があります。どちらの推薦形態を採用するかは、学校によって異なりますが、②のタイプは上位校です。

①のタイプでは12月中旬に行われる入試相談が前提になります。②の適性検査の受験が必要な推薦入試では、適性検査の結果と内申との合算方式をとる学校もあります。

この春の推薦入試で、応募者が顕著に増えたのは難関大学の附属校でした。**慶應女子**、**青山学院**（男女）、**中大杉並**（男女）、**法政大高**（男女）、**早稲田実業**（男子）などです。

この春は都立高校で大きな入試改革があり、学力上位の受験生のなかで安全志向が強かった生徒が大学附属校に流れたものかもしれません。

これらの学校の推薦入試は②のタイプです。

●一般入試

東京都内の私立高校の一般入試は、7割以上の高校の試験日が2月10日に集中し、同13日までに大半が終了してしまいました。ただ、ここ数年、私立高校間の併願機会を増やす目的

で受験日を複数設定する私立高校も増えています。

　また、都立高校を第1志望とする場合に、都立が不合格だった場合に必ず入学するという条件で、一般入試において併願優遇制度を導入する私立高校も多くなっています。

　私立高校の入試では、一部の上位校を除いて、ほとんどの高校でなんらかの優遇制度があります。受験生の多くが、それらの優遇制度を活用して入試に臨んでいます。第1志望の学校であれば推薦入試の単願推薦制度を活用することはもちろんですが、一般入試でも活用できる制度の情報を得ることが大切です。

　私立高校の優遇制度は学校ごとに異なるので、受験する可能性がある高校の説明会には必ず参加して、どんな優遇制度があるのかを知っておくことが非常に重要になります。

　さて、この春の入試ですが、このところ順調に受験生を集めていた**東洋**が、最上位の特選コースの併願優遇制度を残して、他のコースはこの制度を廃止し、特選コースの内申基準は5科23でした。併願優遇がなくなった他の2コースは応募者は激減しました。ただし、特選コースだけは応募者が減らず、依然として、この学校の勢いを感じさせます。

　特進系のコースで勢いのある学校には、**朋優学院**の国公立コース、**十文字**のスーパー特選、**淑徳巣鴨**のアルティメット、**順天**の特進選抜などがあります。

　このほかの注目としては、**淑徳**のスーパー特進コース、**成立学園**のスーパー特選（国公立クラス）、**京華**のS特進などがあげられます。

　桜丘は特待クラスと特進クラスで別日程で入試を行っています。最上位のクラスは、不合格になってもスライド合格で次のクラスに進めるチャンスがあります。**足立学園**の文理コース、**江戸川女子**のⅢ類は連続して増えています。多摩地区では、**八王子学園八王子**の文理特進が注目です。

　ところで、推薦入試では増えていた、難関大学の附属高校でしたが、一般入試では、応募者はあまり増えませんでした。

共学化で人気

　ここ10年あまり、男子校や女子校から共学に移行する学校が多くありました。ある学校が共学化するとその影響は他の学校にも波及します。周辺の私立高校の併願パターンが変わってしまうこともあります。

　昨年春の2015年度入試では**東洋大京北**が文京区の新校舎に移転すると同時に共学化して人気を集めました。その前年の2014年度に共学化した**岩倉**や**安田学園**は、その後も高人気です。

　この春、都内では共学化した学校はありませんでしたが、神奈川の**法政二**が共学化し、やはりたくさんの受験生を集めました。

　来年度（2017年度）、都内で共学化を予定している私立高校は、**芝浦工業大附属**（芝浦工大から校名変更し豊洲に移転、高校のみ共学化）と、**新渡戸文化**（中学は2014年度すでに共学化）の2校です。

　その翌年（2018年度）に共学化するのは、**日本橋女学館**（開智日本橋学園に校名変更し共学化）で、注目を集めそうです。

　同じく2018年度には、神奈川で**青山学院横浜英和**と**法政女子**（法政大国際に校名変更し共学化）の女子校2校が共学化します。

来春入試の変化

　さて、来年度（2017年度）入試から、東京の私立高校では高校募集を再開する学校として、**麹町学園女子**（高校募集を再開し、高大連携を推進するクラス「東洋大学グローバルコース」を新設。募集人員80名の予定）があります。首都圏ではもう1校、神奈川の**聖ヨゼフ学園**が高校募集を新設します。

　また、コースや学科を改編する学校が多々あります。すでに詳細を発表している学校をあげておきます。

神田女学園（「グローバルコース」新設。ネイティブと日本人の「2人担任制」。北米、オセアニア、中国から選べる留学~3カ月、6か月、1年~が必修）。

錦城（普通コース→進学コース）。

駒込（「先進理系コース」新設）。

帝京（文理コース→進学コース）。

日本工業大駒場　機械科・建築科・電子情報システム科の3科を統合して創造工学科に。国際工学科は募集停止）。

日大豊山女子（特進クラスを新設）。

日本音楽（普通科幼児教育コース→音楽科幼児教育コース）。

◇

　なお、来年は2月12日が日曜日で、サンデーショックと言われる年となります。青山学院の入試日が11日への移動するなどの変化が予想されます。

公立 CLOSE UP

都立高校の「国公立大合格力」はどこまで伸びたか？

今春、進学指導重点校から東京大などの難関大学に合格した者の合計は392名で、指定以来の最多記録を更新しました。加えて、中高一貫校や進学指導特別推進校などから、国公立大学への合格件数が増えてきました。今回は都立の「国公立大学合格力」を調べました。

進学校グループの指定で難関大学の現役合格めざす

東京都では、大学進学にとくに注力する学校を、次の①～④の4グループに分けて指定しています。

①進学指導重点校（進学重点校）
日比谷、戸山、西、八王子東、青山、立川、国立の7校。

②進学指導特別推進校（特進校）
小山台、駒場、新宿、町田、国分寺、国際の6校。

③進学指導推進校（推進校）
三田、豊多摩、竹早、北園、墨田川、小松川、城東、江北、江戸川、日野台、武蔵野北、小金井北、調布北の13校。

④中高一貫6年制教育校（一貫校）
＊桜修館、富士、大泉、＊小石川、白鷗、両国、＊南多摩、＊立川国際、武蔵、＊三鷹の10校（＊は中等教育学校で高校募集は行いません）。

また東京都では、東京大、京都大、一橋大、東京工大、国公立大学医学部医学科を「難関大学」と位置づけ、これらの大学への合格を、都立進学校の目標に掲げています。

そのため、①の進学重点校は「難関大学の現役合格を目指す学校」として、②の特別推進校は、「難関大学を中心とした進学実績の向上を目指す学校」として、③の推進校は、「国公立大学及び難関私立大学への進学を目指す取組を強化する学校」として、毎年、その成果が評価されています。また、④の中高一貫校も「進学指導重点校等と同様に、組織的・計画的な進学指導を推進することができるよう都で支援する」としています。

現役、浪人ともに増加の一途

【グラフ1】は、進学重点校の「難関大学」合格者の2009年（平成21年）からの推移を示しています（棒グラフ下段が現役、上段が浪人の合格者数）。今春の現役合格者数は、重点7校の合計で197名と2009年の132名より65名も増加、7年前の約1・5倍とめざましい伸びを示しています。

【グラフ2】では、浪人を含む難関大学合格者数を、日比谷、西、国立の合計数で、2009年からたどってみました。今年は現役、浪人ともに大幅に増加し、合計294名と、300名に迫る人数です。1校平均では約100名と、3人に1人程度は浪人すれば「難関大学」に合格で

きる学校に育っています。

浪人を含む東京大合格者数では、日比谷が44年ぶりに50人の大台を超える53人となり、都立復活を印象づけました。難関大合格者は重点7校合計でも、昨年→今年で、359人→392人と、1割近く増加しました。

今年、合格者数を最も伸ばしたのは日比谷でした。【グラフ3】（次ページ）を見ると、昨年→今年で、現役の難関大学合格者が、45名→68名と、飛びぬけた増え方をしています。なかなか越えられなかった50名の壁をあっさりと越え、これまでトップ争いをしていた西（42名）に大きく水をあけた形です。

突き抜けた日比谷 受験は団体戦

【グラフ4〜10】（次ページ）を見てください。ここでは最近8年間の現浪別「難関大学」合格者数の推移を示しています。

日比谷の場合、昨年までの7年間は現浪計の合格者数は80名のラインを越えたり越えなかったりしています。現役の人数は、この3年ほど徐々に増えているとはいえ、今年のような増え方は異状です。

進路の先生の話では「特別なことはなにもしていない。学校の進路体制、指導方法がいよいよ確立されてきたのだろう」とのことですが、これでは、今年68人と「突き抜けた」理由にはなりません。

校長先生は部活動や臨海教室など教科外の活動を大事にしたとおっしゃいました。案外、こ

【グラフ1】進学重点校の難関大合格者数（7校計）推移

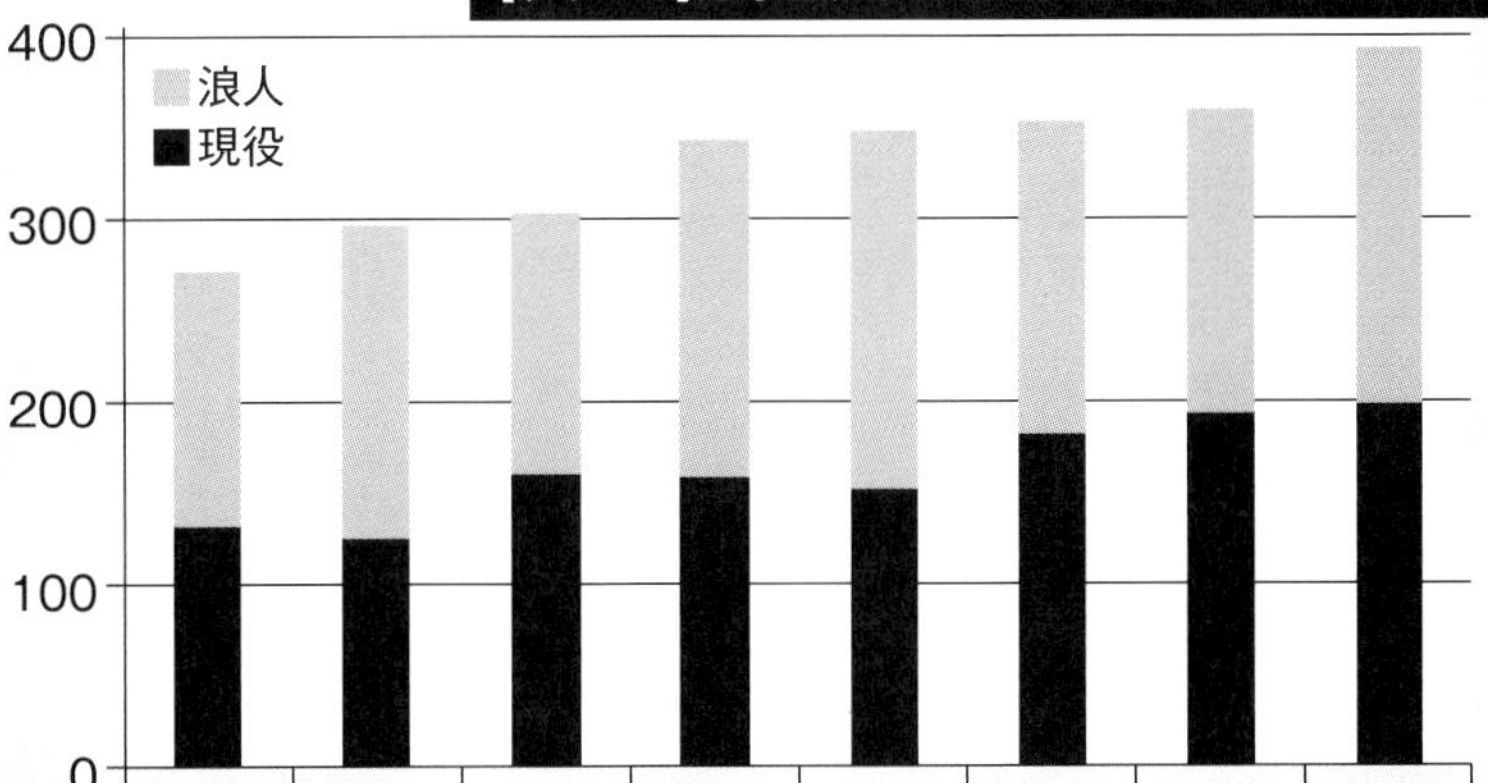

	09	10	11	12	13	14	15	16
浪人	138	171	142	185	197	172	167	195
現役	132	125	160	157	151	181	192	197

【グラフ2】日比谷＋西＋国立の難関大学合格者数推移

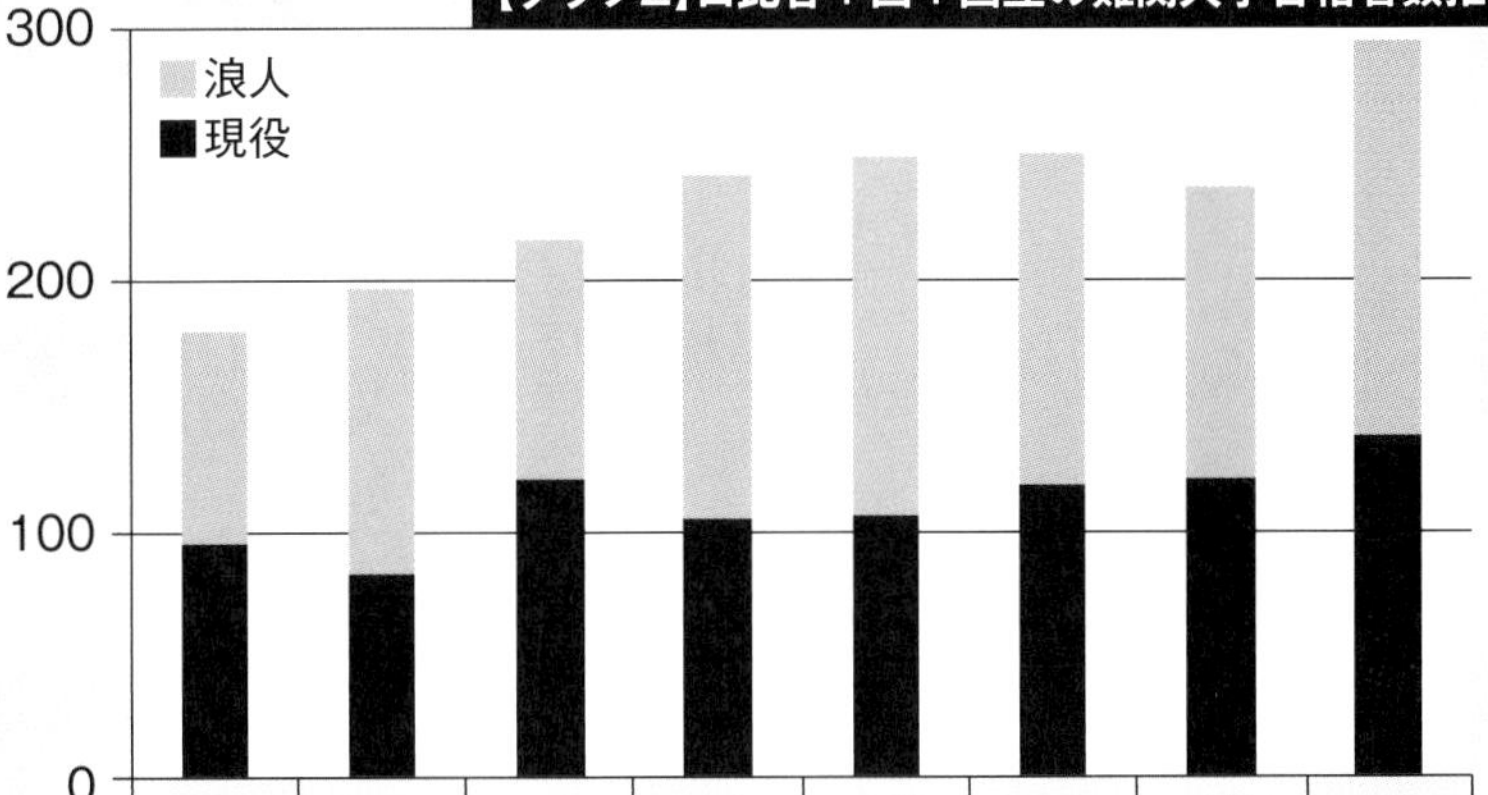

	09	10	11	12	13	14	15	16
浪人	84	113	95	136	143	131	116	156
現役	96	84	121	105	106	119	121	138

【グラフ3】難関大学現役合格者数（7校計）推移

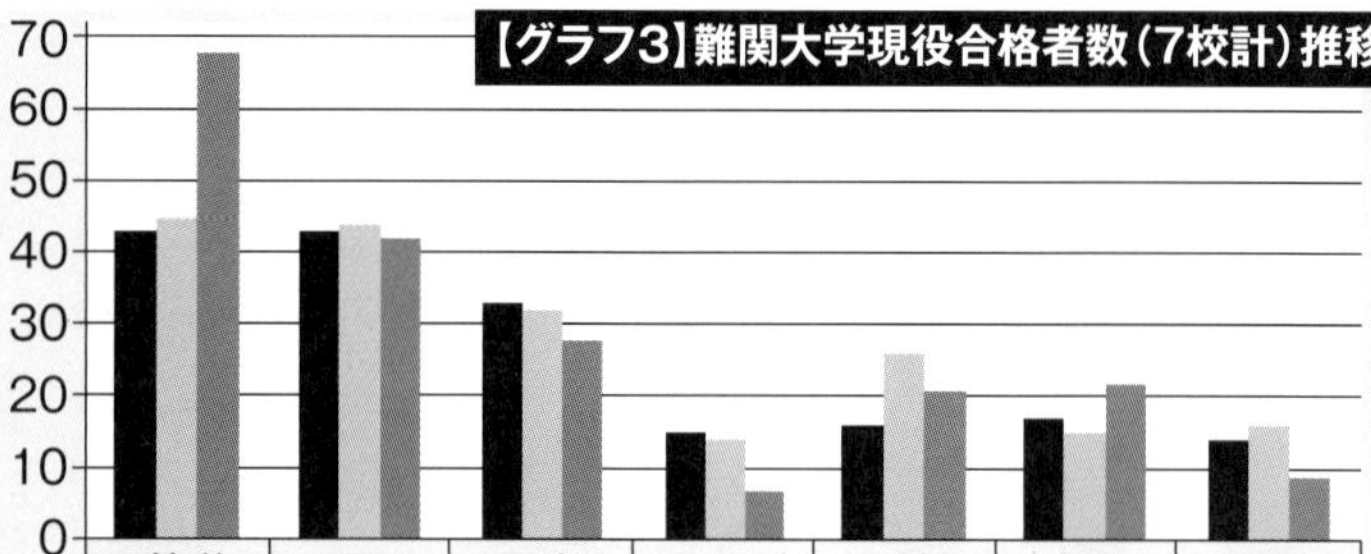

	日比谷	西	国立	八王子東	戸山	青山	立川
■14年	43	43	33	15	16	17	14
■15年	45	44	32	14	26	15	16
■16年	68	42	28	7	21	22	9

【グラフ4】日比谷の難関大学合格者数推移

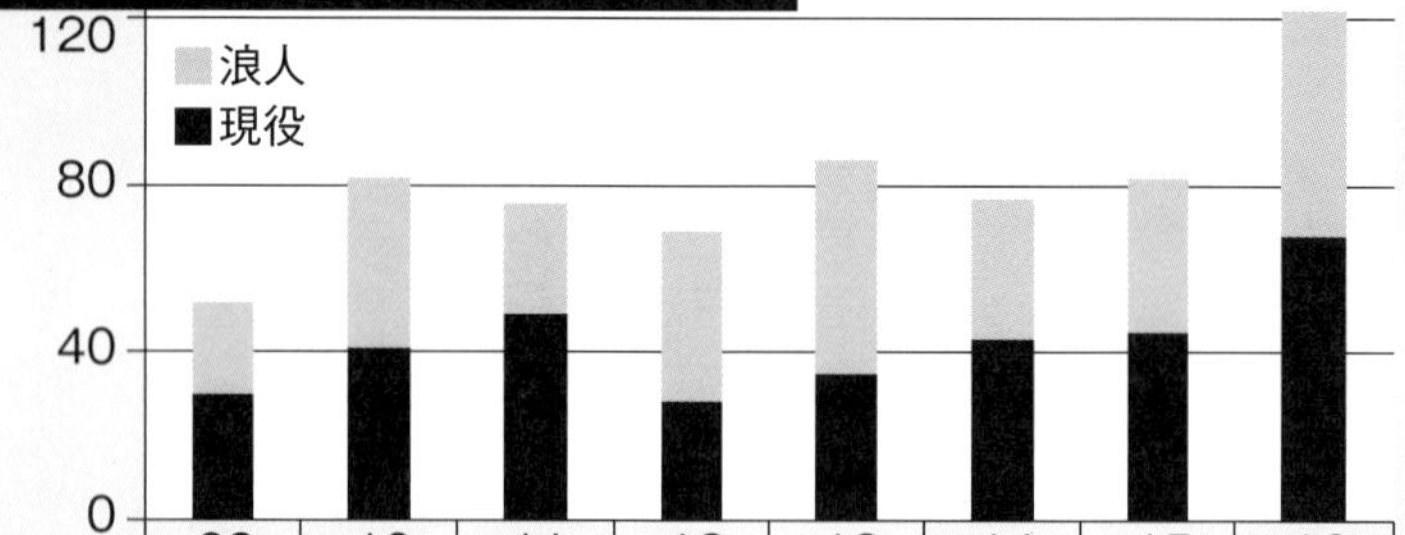

	09	10	11	12	13	14	15	16
浪人	22	41	27	41	51	34	37	54
現役	30	41	49	28	35	43	45	68

【グラフ5】西の難関大学合格者数推移

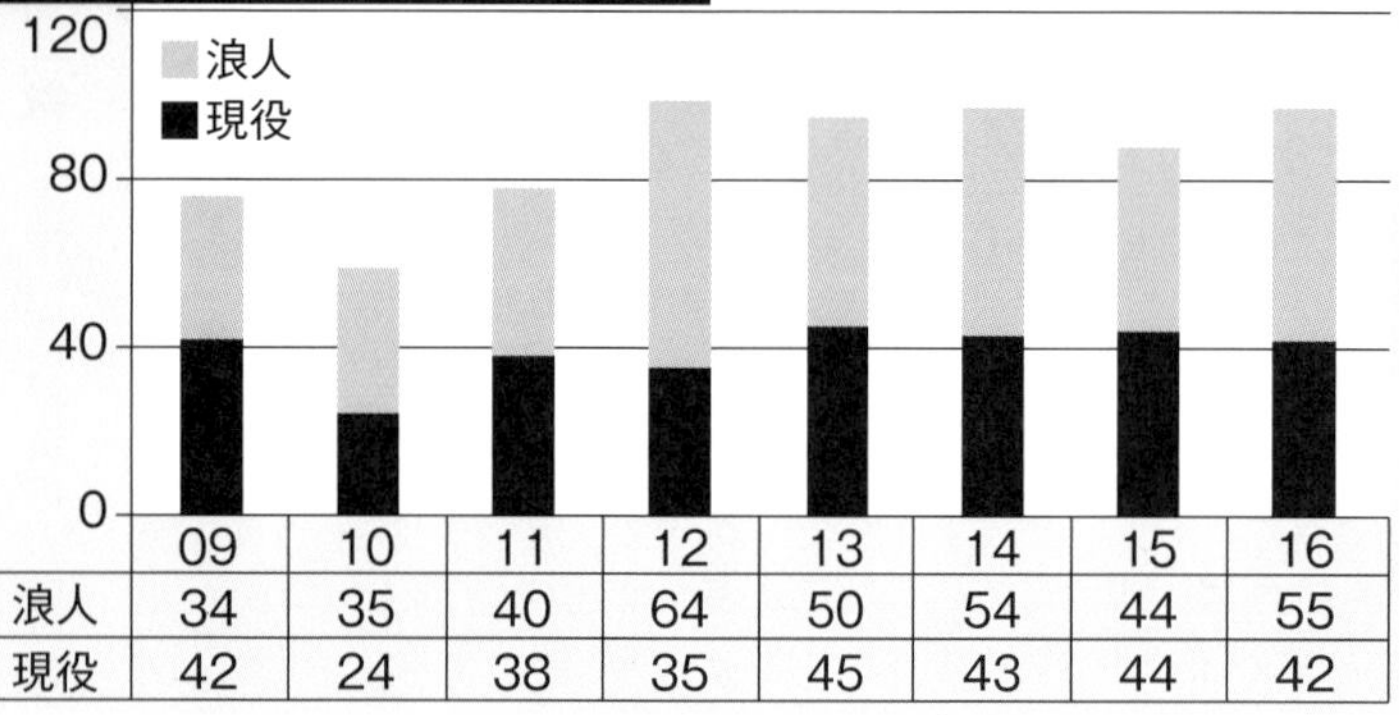

	09	10	11	12	13	14	15	16
浪人	34	35	40	64	50	54	44	55
現役	42	24	38	35	45	43	44	42

【グラフ6】国立の難関大学合格者数推移

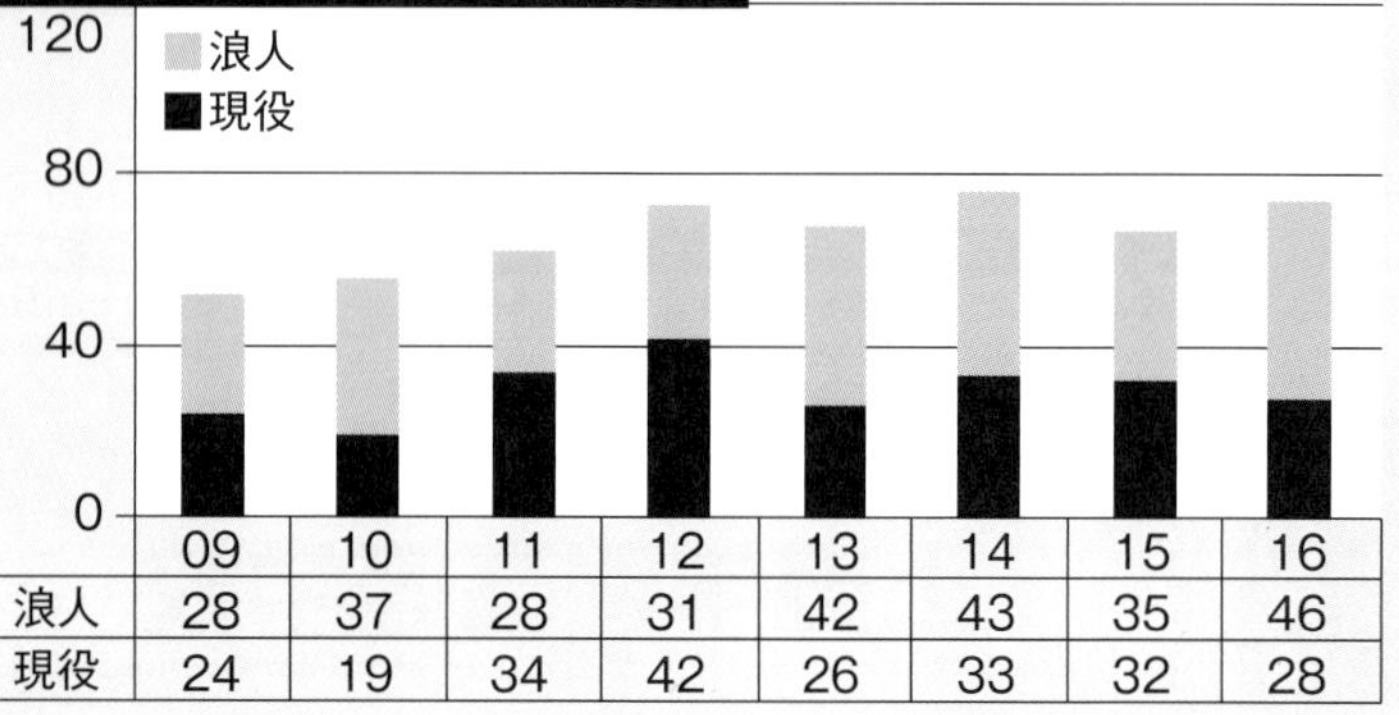

	09	10	11	12	13	14	15	16
浪人	28	37	28	31	42	43	35	46
現役	24	19	34	42	26	33	32	28

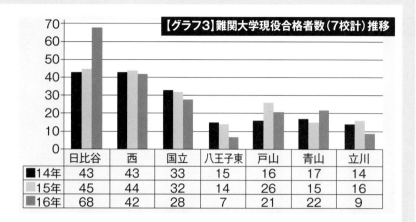

■校風

教育理念・目標、また、生徒をどのような人間として育もうとしているのか。面倒見はどうか、生徒の主体性に任せているか、逆に生徒に任せ過ぎてはいないか、校則は厳しいのか、学力だけでなく生活指導も充実しているか、「厳しい学校」なのか、「伸びのびした学校」なのかなどを確認しましょう。

もちろん大切なことは、自分に合った校風を持っているかどうかです。

中学生なら「自由な学校がいい」と考えがちですが、そこには落とし穴もあります。

人から言われなくても自分で計画を立てて勉強できるという人ならば、伸びのびとした「自由な学校」もよいのですが、逆に、あなたが自分で計画を立ててコツコツ勉強できないという性格ならば、きちんと生徒1人ひとりの面倒を見てくれる学校の方がよい、というわけです。

■在校生の学校生活

学校に行ったら、在校生の様子を見てくることが大切です。

・活発かどうか、明るく目が輝いているか？
・あいさつの有無（声が出ていればよいのではなく、自主的かどうかについて、よく観察しましょう）
・先生と生徒の距離は？
・服装、頭髪、持ちものは？

などについて観察します。

その際には、自分は、そういう生徒たちと友だちになれるか、という視点で見てみることが大切です。

■授業時間と教育内容

・日々の課題や予習の量と内容
・授業時間や時間割（1時限は学校によって45分、50分、65分、70分などさまざま）
・土曜日は授業を行うのか
・始業時間と終業時間
・部活動の時間制限（朝練は？）

などを聞いていきましょう。

高校によっては、日々の課題をたくさん出す学校があり、課題の量が中学校時代とは比較にならないほど多い学校もあります。

じつは高校生の悩みの大半が、課題の多さや授業の進度についていけないことにあるといわれます。

案内係の在校生に気軽に話しかけて確かめましょう。

■補習の有無や土曜日の活用法など

補習の実際、土曜をどのように活用しているか、国公立大コース、私大コース、理系・文系コースなどコース選択の実際や、各コースの大学進学対策を知っておきましょう。

放課後に予備校に通う費用は、保護者にとっては大きな負担となります。大学受験対策として学校側がとっている方策も確かめたいことの1つです。生徒にも聞いてみましょう。

■部活動・行事

部活動に力を入れているか、興味のある部活動があるか、設備は充実しているかなども重要です。

オープンキャンパスなどを行っていて体験入学で部活動体験ができる学校もあります。よく調べましょう。

学校行事では、体育祭の様子や修学旅行（国内、海外、その費用）、文化祭、合唱祭などの規模や楽しさなども確かめます。

■進学実績

大学への合格者数だけでなく、実際の進学実績を知っておきたいところです。私立大学の場合、1人でたくさんの大学を受験することが可能ですので、合格者数という数字だけでは、曖昧です。

これらに限らず、学校説明会では、学校案内パンフレットやホームページには書いていない情報や資料を得ることができる点が魅力です。

■交通の便と立地環境

その学校が自分に合っているかどうかという点で、とくに重要なのが交通の便です。毎日通学するのですから、自宅から学校までの経路について、電車やバスの時刻表、乗り継ぎの良し悪しなどをチェックします。

また、学校の立地環境も重要です。周辺の様子（繁華街、ゲームセンター、危険な場所などの有無、騒音、自然環境など）はもちろん、文房具屋、書店、公立図書館は近くにあるかといったことも、高3の受験学年になれば大切になってきます。説明会の帰途、学校周辺を散策しながら確かめましょう。

■施設

校舎や教室、特別教室、図書館、自習室、体育館や武道館、グラウンドなどの一般教育施設・運動施設、コンピュータ室、部室、ロッカー、更衣室、食堂などの施設が充実しているか、また、毎日使うことになるトイレの清潔感もチェックしたいものの1つです。

6月号の答えと解説

問題 ことわざ穴埋めパズル

例のように、空欄にリストの漢字を当てはめて、下の①～⑧のことわざを完成させましょう。
リストのなかで最後まで使われずに残った漢字を使ってできるもう１つのことわざに、最も近い意味を持つことわざは、次の３つのうちどれでしょう。

ア　急がば回れ　　**イ**　月とすっぽん　　**ウ**　石橋を叩いて渡る

【例】□らぬが□　→知らぬが仏
①　□より□□
②　□□び□□き
③　□□□に□かず
④　□の□の□□ち
⑤　□□の□を□う
⑥　□らぬ□の□□□
⑦　□つ□の□□まで
⑧　□□の□にも□□の□

【リスト】

悪	一	縁	下	火	花	起	栗
五	魂	魂	三	算	子	子	持
七	取	拾	鐘	身	寸	銭	狸
団	知	中	虫	釣	提	転	灯
八	皮	百	付	仏	分	用	力

解答 イ

解説

問題の①～⑧のことわざを完成させると次のようになり、残った漢字できることわざは「提灯《ちょうちん》に釣り鐘」になります。これは、「外見は似ていてもまったく釣りあわないことや、比較にならないこと」をいいますから、最も近い意味を持つことわざは、**イ**の「月とすっぽん」になります。

問題①～⑧のことわざとその意味は、次の通りです。

①**花より団子**…（美しい花を見るより、団子を食べる方がよいという意から）風流より実利を選ぶこと。外観よりも内容を選ぶことのたとえ。

②**七転び八起き**…何度失敗してもくじけず、立ちあがって努力すること。

③**悪銭身に付かず**…盗みや賭け事などで得た金銭は、とかくつまらないことに使ってしまい残らないものだという教え。

④**縁の下の力持ち**…人の気がつかない場所で、色々考えたり、人のために努力したりすること、また、そのような人。

⑤**火中の栗を拾う**…自分の利益にならないのに、他人のために危険を冒すたとえ。

⑥**取らぬ狸の皮算用**…（捕らえてもいない狸の皮を売ることを考える意から）まだ手に入らないうちから、それをあてにしてあれこれと計画を立てることのたとえ。

⑦**三つ子の魂百まで**…幼いころの性格は、年をとっても変わらないことのたとえ。

⑧**一寸の虫にも五分の魂**…どんな弱小なものにも、それ相応の意地や考えがあるから、ばかにしてはいけないという意味（一寸は約３㎝、五分はその半分）。

中学生のための

学習パズル

今月号の問題

論理パズル

　Ａ君、Ｂ君、Ｃ君、Ｄ君、Ｅ君の５人が、数学のテスト結果について、以下のような発言をしています。

Ａ君「ぼくの得点は、ほかの４人の平均と同じ点数でした。」
Ｂ君「５人を得点順に並べると、Ａ君とぼくの間に２人が入ります。」
Ｃ君「Ｂ君とぼくの得点を平均するとＤ君の得点と同じになるね。」
Ｄ君「５人の得点はみんな違っているね。」
Ｅ君「Ｃ君よりぼくの得点は低かった。」

　このとき、Ｃ君とＤ君の順位（得点の高い順）について正しく述べているのは、次のア～エのうち、どれでしょうか？

ア　Ｃ君は１位、Ｄ君は３位である。
イ　Ｃ君は１位、Ｄ君は４位である。
ウ　Ｃ君は３位、Ｄ君は２位である。
エ　Ｃ君は５位、Ｄ君は２位である。

応募方法

左のQRコードからご応募ください。
◎正解者のなかから抽選で３名の方に図書カードをプレゼントいたします。
◎当選者の発表は本誌2016年10月号誌上の予定です。
◎応募締切日 2016年8月15日

6月号学習パズル当選者

全正解者41名

本間　博貴さん（神奈川県横浜市・中３）
菊地　彩花さん（千葉県千葉市・中２）
瀬尾　美音さん（東京都武蔵村山市・中１）

に挑戦!!

明治《めい じ》大学《だい がく》付属《ふ ぞく》中野《なか の》八王子《はち おう じ》高等学校

問題

右の図は，１辺の長さが３の正四面体ABCDです。辺AC，ADを１：２に分ける点をそれぞれ点E，Fとし，３点B，E，Fを通る平面でこの正四面体を切ります。頂点Aから平面BEFに垂線をひいたとき，この垂線の長さを求めなさい。

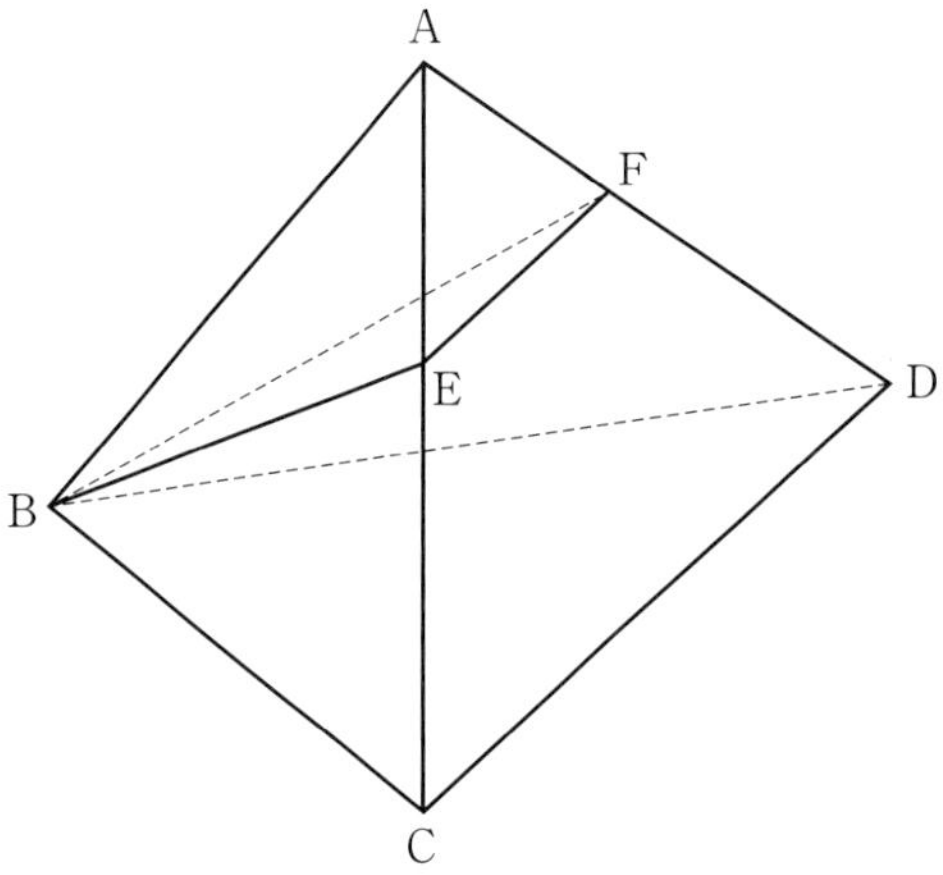

解答　$\frac{\sqrt{6}}{3}$

■ 東京都八王子市戸吹町1100
■ JR中央線・京王線「八王子駅」、JR五日市線「秋川駅」スクールバス
■ 042-691-0321
■ http://www.mnh.ed.jp/

学校説明会
両日とも14：30
10月22日（土）　11月26日（土）

夏休み学校説明会
両日とも９：00
８月６日（土）　８月27日（土）
※部活動体験希望者は要予約

オープンスクール
11月26日（土）

文化祭
10月１日（土）　10月２日（日）

横《よこ》浜《はま》隼《はや》人《と》高等学校

問題

□に当てはまる数字を答えなさい。

(1) ２次方程式 $x^2=6x-5$ の解は $x=$ [1]，[2] である。
ただし [1] < [2] とする。

(2) 関数 $y=\frac{1}{2}x^2$ について，x の変域が $-4 \leqq x \leqq 2$ のときの y の変域は [3] $\leqq y \leqq$ [4] である。

(3) 大小２つのさいころを投げて，大きいさいころの出た目の数を x，小さいさいころの出た目の数を y とする。
このとき，$\frac{y}{x}$ が整数になる確率は $\frac{[5]}{[6][7]}$ である。

解答　(1) [1] 1，[2] 5　(2) [3] 0，[4] 8　(3) [5] 7，[6] 1，[7] 8

■ 神奈川県横浜市瀬谷区阿久和南1-3-1
■ 相鉄線「希望ヶ丘駅」徒歩18分またはバス、相鉄線「二俣川駅」「三ツ境駅」・JR東海道線ほか「戸塚駅」バス
■ 045-364-5101
■ http://www.hayato.ed.jp/

学校説明会
７月23日（土）　９：30～10：30
10月８日（土）　９：30～10：30
10月29日（土）　14：00～15：00
11月19日（土）　９：30～10：30／13：30～14：30
12月３日（土）　９：30～10：30／13：30～14：30

オープンキャンパス
８月20日（土）　９：10
※学校説明会あり、一部予約制

集輝祭（文化祭）
10月１日（土）　10月２日（日）

私立高校の入試問題

成《せい》城《じょう》学《がく》園《えん》高等学校

問題

1辺の長さが6㎝の立方体ABCD-EFGHにおいて，右図のように，DJ：JC＝FK：KE＝1：2，BI：IC＝1：1となるように3点I，J，Kをとり，この3点を通る平面で立方体を切る。次の問いに答えよ。

(1) 線分JKの長さを求めよ。

(2) 切り口の図形は何角形か。

(3) 切り口の多角形における辺で，最も短いものの長さを求めよ。

(4) 切り口の多角形の面積を求めよ。

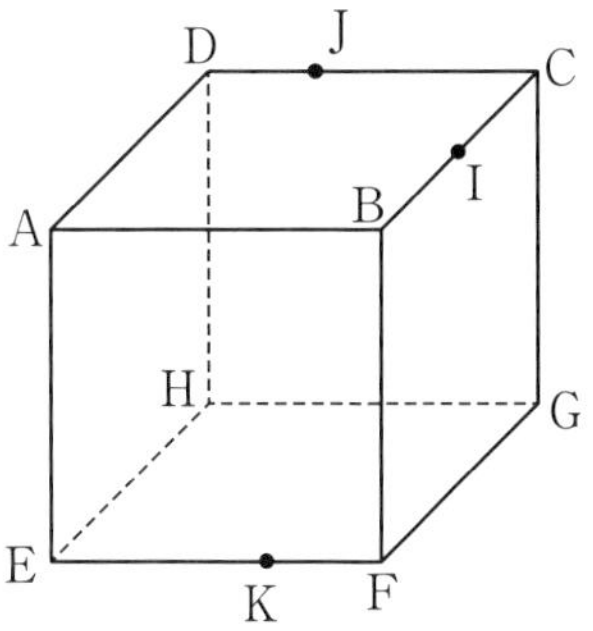

■ 東京都世田谷区成城6-1-20
■ 小田急線「成城学園前駅」徒歩7分
■ 03-3482-2104
■ http://www.seijogakuen.ed.jp/chukou/

学校説明会
すべて14：00
10月1日（土）　11月12日（土）
12月3日（土）

体育祭
10月6日（木）　9：00

文化祭（学園文化祭）
両日とも9：30
11月2日（水）　11月3日（木祝）

解答　(1) $2\sqrt{19}$　(2) 6角形　(3) $2\sqrt{2}$　(4) $8\sqrt{34}$

帝《てい》京《きょう》大《だい》学《がく》高等学校

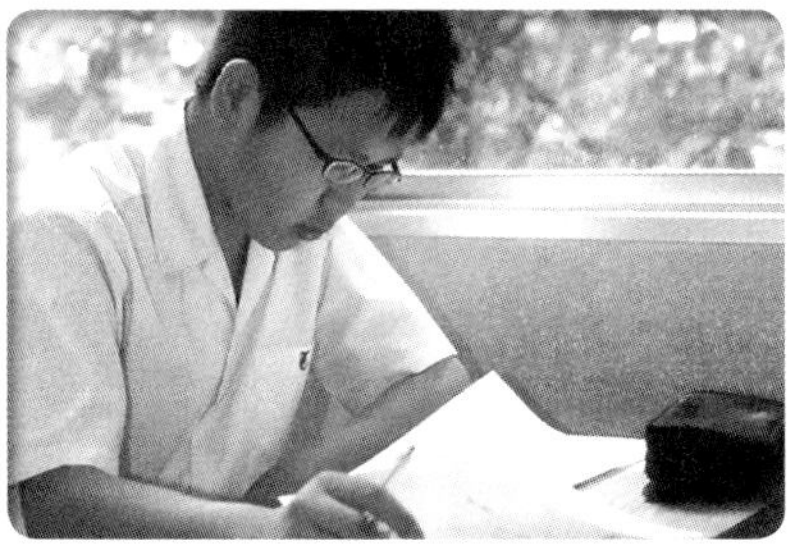

問題

図のように，四角形ABCDが線分ABを直径とする円Oに内接している。2直線AD，BCの交点をE，2線分AC，BDの交点をFとする。

AB＝5，BC＝3，CE＝2

であるとき，次の問いに答えよ。

(1) 線分AEの長さを求めよ。

(2) 線分DCの長さを求めよ。

(3) 線分DFの長さを求めよ。

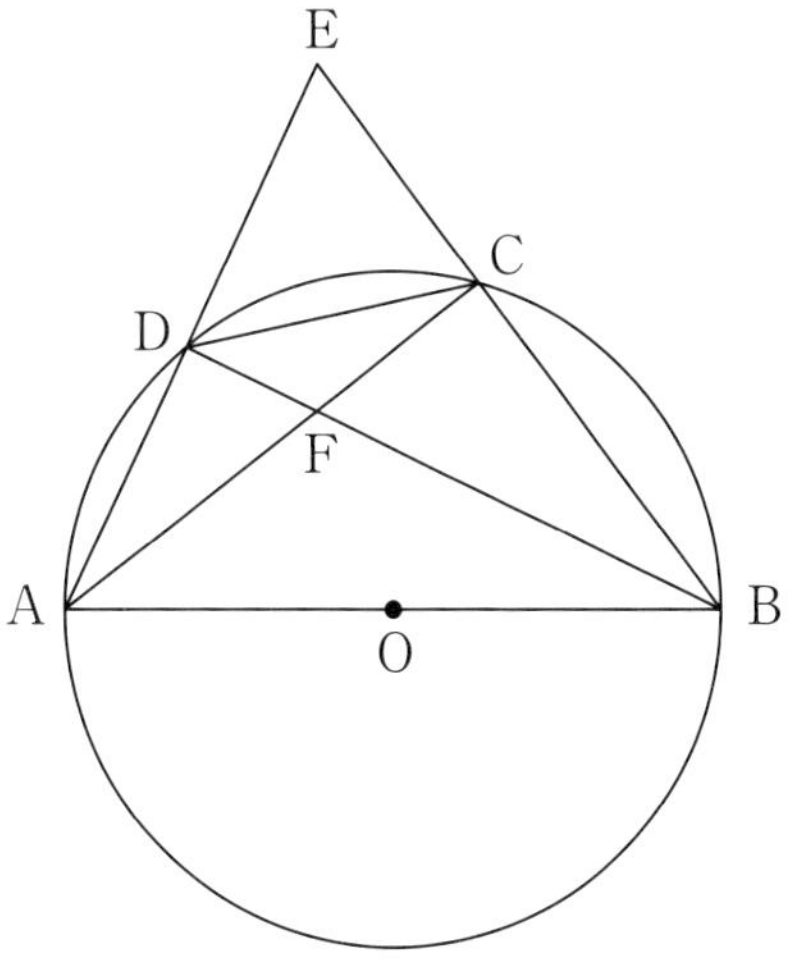

■ 東京都八王子市越野322
■ 小田急線・京王線・多摩都市モノレール「多摩センター駅」，JR中央線「豊田駅」スクールバス
■ 042-676-9511
■ http://www.teikyo-u.ed.jp/

学校説明会
すべて14：00～15：30
10月8日（土）　11月12日（土）
12月3日（土）

邂逅祭（文化祭）
10月29日（土）　10月30日（日）

※学校見学は月～土に随時実施（要予約）

解答　(1) AE＝$2\sqrt{5}$　(2) DC＝$\sqrt{5}$　(3) DF＝$\frac{\sqrt{5}}{2}$

Letter section

みんなのお便りコーナー

サクセス広場

テーマ 勉強のコツ【国語】

古文を勉強するときに、自分も**平安時代**にタイムスリップした気分でやるとちょっとテンションがあがる気がする！
（中３・紫納言さん）

漢字は**「トメ」「ハネ」**を意識して丁寧に書く。前は適当に書いていたけど、先生に「このままの字じゃ入試で×にされるかも」って言われてから丁寧に書くようになった。１つひとつ丁寧に書いていたら、漢字の覚えも前よりよくなって、いまでは漢字テストで満点連発！
（中３・漢字は肝心さん）

塾の先生から言われたのは、国語も英語と同じだから、**文法**や**言葉**をまずしっかりと覚えようということです。日本語だからなんとなくできると思っているのが一番よくないって。ぼくにはそれがハマりました。
（中２・WNWSさん）

友だちと**漢字ゲーム**をするようになって、漢字が得意になりました。「にんべん」の漢字とか「くさかんむり」の漢字とか、お題を出して１分間にいくつ書けるか競争するゲームです。
（中２・漢字王になりたい！　さん）

とにかく**読書**、そして**新聞**を読む！　うまい人の文章を読むことで自分もうまくなるはず !?
（中３・I.O.さん）

テーマ 夏休みの思い出

近所の駄菓子屋さんは夏になると**かき氷**を売る。しかも味が**20種類**くらいあって楽しい。小学生のころは夏休みにしょっちゅう行ってたけど、今年は部活動があるからたくさん行くのは無理かなあ。
（中１・バナナミルクさん）

夏休みといえば**夜更かし**でしょう。なんだかいけないことをしてる気持ちになるけど、それがたまらなくワクワクするんです。
（中２・夜行性人間さん）

思い出といえば…夏休みが終わるギリギリに**宿題**を片付けていく緊張感と達成感かな。
（中２・今年もどうせ…さん）

いっしょに暮らしている祖父と毎日早起きをして**ラジオ体操**をしていました。祖父はそれが嬉しかったらしく、今年もやる気満々です。本当は朝寝坊もしたいんですけどね…。
（中１・じいちゃん子さん）

昨年、自主的に**絵日記**をつけてみました。読み返すと結構楽しいし、少し絵も上達した気がします！　今年もつけようかな。
（中２・千葉のピカソさん）

テーマ 山派？ 海派？

毎年、**山にキャンプ**に行ってるので山派。山で食べるカレーは最強にうまい。山の景色とおいしい空気が最高のスパイス！
（中２・わいるだあさん）

海は１日遊べます。朝から泳いで、お昼に海の家で焼きそばを食べて、休憩がてら砂浜で城を作って、おやつにかき氷を食べて、また泳いで、夜になったら花火！　毎年こうやって海で遊んでます！
（中１・はまっこさん）

山。つらいけど、頂上で雄大な景色を見るのがサイコー！　くせになります！　ただ雨男なので、予定を立てると雨が降るんです…。
（中３・T.H.さん）

海が好き。やっぱり海は広くていいですよね～。小学生のときから毎年夏に海に行くのが楽しみで仕方ないです。
（中１・海坊主さん）

必須記入事項

A／テーマ、その理由　B／郵便番号・住所
C／氏名　D／学年　E／ご意見、ご感想など

右のQRコードからケータイ・スマホでどしどしお寄せください！
住所・氏名は正しく書いてください!!
ペンネームは氏名のうしろに(　)で書いてネ！
【例】サク山太郎（サクちゃん）

Present!!
掲載された方には抽選で
図書カードをお届けします！

募集中のテーマ

「マイブーム」

「勉強のコツ【理科】」

「飼ってみたい動物」

応募〆切 2016年８月15日

ここから応募してね！

ケータイ・スマホから上のQRコードを読み取って応募してください。

世間で注目のイベントを紹介

サクセス イベントスケジュール
7月～8月

ヒマワリ

夏に大きな黄色い花を咲かせるヒマワリ。原産地は北アメリカ大陸で、日本に伝わったのは17世紀と言われている。花もきれいだけど、古くから重宝されてきたのは実は種子の方。種子は絞ってヒマワリ油として利用されたり、煎って食べることもできるんだ。

1

2

3

4

5

6

1 世界中で愛されるウサギ

ビアトリクス・ポター™ 生誕150周年
ピーターラビット™ 展
8月9日（火）～10月11日（火）
Bunkamuraザ・ミュージアム

自然豊かな湖水地方を舞台とする動物たちの物語を、水彩による美しい挿絵とともに描いたピーターラビットシリーズの絵本。その作者であるビアトリクス・ポターの生誕150周年を記念した展覧会が渋谷で開催される。日本初公開の原画やビアトリクスの愛用品などの資料を通して、作者の人生や絵本シリーズの世界を紹介する内容だ（P5組10名）。

2 妖しく楽しい大妖界

体感妖怪アドベンチャー
GeGeGe水木しげるの大妖界
7月26日（火）～8月29日（月）
池袋・サンシャインシティ

昨年11月、多くの人々に惜しまれつつこの世を去った漫画家にして妖怪研究家の水木しげる。「ゲゲゲの鬼太郎」シリーズに代表される彼の描いた妖怪たちの世界を、いまにも動き出しそうな造形のジオラマや複製原画など、さまざまな工夫を凝らした展示により紹介。ちょっと怖いけど、妖しい魅力を持つ展覧会は真夏のお出かけにぴったりだね。

3 丸の内で相撲!?

はっきよいKITTE
8月11日（木祝）～8月28日（日）
KITTE 1Fアトリウムほか

東京駅のすぐそばにある商業施設「KITTE」（キッテ）で、日本の国技とされる相撲の魅力を体感できるイベントが開催される。期間中は1階のアトリウムに本物の土俵が設置され、最終日の28日には全幕内力士による取組を観覧できる「大相撲KITTE場所」も行われるという本格的なもの。相撲を身近に感じられる「はっきよいKITTE」に注目だ。

4 大迫力の七夕飾り！

第63回
阿佐谷七夕まつり
8月5日（金）～8月9日（火）
阿佐谷パールセンター商店街・すずらん通り商店街

63回を迎える「阿佐谷七夕まつり」。阿佐ケ谷駅南口すぐにアーケード入口のある阿佐谷パールセンター商店街や、すずらん通り商店街がカラフルな七夕飾りで彩られる。なかでもアーケードの下に浮かぶ大きなハリボテは夏の暑さも吹き飛ぶ大迫力だ。商店街の各店舗による期間限定の露店やセール企画なども楽しい、見どころ満載のイベントだ。

5 六本木で宇宙を体感

宇宙と芸術展
かぐや姫、ダ・ヴィンチ、チームラボ
7月30日（土）～1月9日（月祝）
森美術館

歴史的な天文学資料や芸術作品、宇宙開発の最前線を紹介する資料など、宇宙をテーマに、古今東西の多様なジャンルの出展物約200点を紹介。レオナルド・ダ・ヴィンチの天文学手稿、明治時代に隕石から作られた刀、火星での仮装住居の模型、現代アーティストによる体感型インスタレーションなど、わくわくする宇宙体験が待っている（P5組10名）。

6 巨匠の傑作、一挙来日！

日伊国交樹立150周年特別展
アカデミア美術館所蔵
ヴェネツィア・ルネサンスの巨匠たち
7月13日（水）～10月10日（月祝）
国立新美術館

ルネサンス発祥の地であるフィレンツェの美術の影響を受けつつも、ヴェネツィアで独自の展開を遂げたヴェネツィア・ルネサンスを堪能できる展覧会だ。アカデミア美術館のコレクションから約60点の名画を紹介。ジョヴァンニ・ベッリーニ、ティツィアーノ、ティントレット、ヴェロネーゼなど、名だたる巨匠たちの傑作が見られる（P10組20名）。

1 ビアトリクス・ポター 《『ベンジャミン バニーのおはなし』の挿絵のための水彩画》 英国ナショナル・トラスト所蔵 **2** **5** チームラボ《追われるカラス、追うカラスも追われるカラス、そして衝突して咲いていく？ Light in Space》2016年 インタラクティブ・デジタル・インスタレーション 4分20秒 サウンド:高橋英明 **6** ジョヴァンニ・ベッリーニ《聖母子（赤い智天使の聖母）》 油彩/板 アカデミア美術館

招待券プレゼント! Pマークのある展覧会・イベントの招待券をプレゼントします。77ページ「学習パズル」にあるQRコードからご応募ください。（応募締切2016年8月15日）。当選の発表は賞品の発送をもってかえさせていただきます。

Success15 fifteen Back Number

サクセス15 バックナンバー好評発売中!

2016 7月号

役立つヒントがいっぱい!
作文・小論文の書き方講座
いろいろなオリンピック&甲子園

SCHOOL EXPRESS 千葉県立千葉
FOCUS ON 東京都立白鷗

2016 6月号

高校入試にチャレンジ!
記述問題特集
頭を柔らかくして解いてみよう

SCHOOL EXPRESS お茶の水女子大学附属
FOCUS ON 神奈川県立希望ケ丘

2016 5月号

難関校合格者に聞く
ぼくの私の合格体験談
今日から始める7つの暗記法

SCHOOL EXPRESS 埼玉県立浦和第一女子
FOCUS ON 東京都立国際

2016 4月号

大学で国際教養を身につけよう
読むと前向きになれる本

SCHOOL EXPRESS 開成
FOCUS ON 神奈川県立多摩

2016 3月号

読めばバッチリ
高校入試の案内板
2015年を振り返るニュースの時間

SCHOOL EXPRESS 慶應義塾高
FOCUS ON 神奈川県立光陵

2016 2月号

いよいよ本番!
高校入試総まとめ
中学生のための検定ガイド

SCHOOL EXPRESS 千葉県立東葛飾
FOCUS ON 中央大学附属

2016 1月号

過去問演習で
ラストスパート
サクラサク合格必勝アイテム

SCHOOL EXPRESS 東京都立日比谷
FOCUS ON 法政大学高

2015 12月号

世界にはばたけ!
SGH大特集
苦手でも大丈夫!! 国・数・英の楽しみ方

SCHOOL EXPRESS 埼玉県立浦和
FOCUS ON 中央大学高

2015 11月号

高校受験あと100日の過ごし方
シャーペン・ザ・ベスト10

EXPRESS 東京都立国立
FOCUS ON 國學院大學久我山

2015 10月号

社会と理科の分野別勉強法
図書館で、本の世界を旅しよう!

SCHOOL EXPRESS 東京都立戸山
FOCUS ON 明治大学付属中野

2015 9月号

どんな部があるのかな?
高校の文化部紹介
集中力が高まる8つの方法

SCHOOL EXPRESS 神奈川県立横浜翠嵐
FOCUS ON 中央大学杉並

2015 8月号

夏休みレベルアップガイド
作ってみよう! 夏バテを防ぐ料理

SCHOOL EXPRESS 早稲田大学本庄高等学院
FOCUS ON 法政大学第二

2015 7月号

参加しよう学校説明会etc
中学生のための手帳活用術

SCHOOL EXPRESS 東京都立西
FOCUS ON 青山学院高等部

2015 6月号

キミもチャレンジしてみよう
高校入試数学問題特集
一度は行ってみたい! 世界&日本の世界遺産

SCHOOL EXPRESS 慶應義塾志木
FOCUS ON 公立高校 東京都立富士

2015 5月号

先輩教えて!
合格をつかむための13の質問
数学っておもしろい! 数の不思議

SCHOOL EXPRESS 早稲田大学高等学院
FOCUS ON 公立高校 神奈川県立湘南

2015 4月号

国立・公立・私立徹底比較2015
東大生オススメブックレビュー

SCHOOL EXPRESS 早稲田実業学校高等部
FOCUS ON 公立高校 神奈川県立横浜緑ケ丘

これより前のバックナンバーはホームページでご覧いただけます(http://success.waseda-ac.net/)

How to order バックナンバーのお求めは

バックナンバーのご注文は電話・FAX・ホームページにてお受けしております。詳しくは88ページの「information」をご覧ください。

さくいん

＜コーナー名＞

＜本文中記事＞

○ 目標・目的から逆算された学習計画

マイスタ・個別進学館は早稲田アカデミーの個別指導ブランドです。個別指導の良さは、一人ひとりに合わせた指導。自分のペースで苦手科目・苦手分野の学習ができます。しかし、目標には必ず期日が必要です。そこで、期日までに必要な学習内容を終えるための、逆算された学習計画が必要になります。早稲田アカデミーの個別指導では、入塾の際に長期目標／中期目標を保護者・お子様との面談を通じて設定し、その目標に向かって学習計画を立てることで、勉強への集中力を高めるようにしています。

○ 集団授業のノウハウを個別指導用にカスタマイズ

マイスタ・個別進学館の学習カリキュラムは、早稲田アカデミーの集団授業のカリキュラムを元に、個別指導用にカスタマイズしたカリキュラムです。目標達成までに何をどれだけ学習するかを明確にし、必要な学習量を示し、毎回の授業・宿題を通じて目標に向けて学習し続けるためのモチベーションを維持していきます。そのために早稲田アカデミー集団校舎が持っている『学習する空間作り』のノウハウを個別指導にも導入しています。

○ 難関校にも対応

マイスタ・個別進学館は進学個別指導塾です。早稲田アカデミー教務部と連携し、難関校と呼ばれる学校の受験をお考えのお子様の学習カリキュラムも作成します。また、早稲田アカデミーオリジナルの難関校向け教材も、カリキュラムによっては使用することができます。

お子様の夢、目標を私たちに応援させてください。

無料 個別カウンセリング 受付中

その悩み、学習課題、私たちが解決します。

個別相談時間 30分〜1時間

勉強に関することで、悩んでいることがあればぜひ聞かせてください。経験豊富なスタッフが最新の入試情報と指導経験をフルに活用し、丁寧にお応えします。 ※ご希望の時間帯でご予約できます。お電話にてお気軽にお申し込みください。

Success15

From Editors

　待ちに待った夏休みがもうすぐ始まります。特集１は、毎年恒例の夏休みの勉強法にまつわる特集です。今年は高１の先輩に中３のころの夏休みの話を色々と伺ってきました。夏休みの重要性を身をもって体験した先輩の声は、きっとみなさんの役に立つはずです。それらを参考にしながら、有意義な夏休みを送ってくださいね。

　特集２のテーマは語《ご》彙《い》力です。じつは私、この記事を書かれた大野さんの原稿を読んで「あだ塩がらい」という単語を初めて知りました。自分の未熟さを痛感しつつ、語彙力アップに励もうと気持ちを新たにしました。自由時間が多い夏休みこそ語彙力育成の絶好のチャンス。みなさんもどんどん語彙力を高めていきましょう！　（T）

8月号

Next Issue 9月号

Special 1

魅力いっぱい！
語学研修特集

Special 2

高校の
文化祭に行こう！

SCHOOL EXPRESS

埼玉県立大宮高等学校

FOCUS ON

市川高等学校

※特集内容および掲載校は変更されることがあります

Information

『サクセス15』は全国の書店にてお買い求めいただけますが、万が一、書店店頭に見当たらない場合は、書店にてご注文いただくか、弊社販売部、もしくはホームページ（右記）よりご注文ください。送料弊社負担にてお送りします。定期購読をご希望いただく場合も、上記と同様の方法でご連絡ください。

Opinion, Impression & etc

　本誌をお読みになられてのご感想・ご意見・ご提言などがありましたら、ぜひ当編集室までお声をお寄せください。また、「こんな記事が読みたい」というご要望や、「こういうときはどうしたらいいの」といったご質問などもお待ちしております。今後の参考にさせていただきますので、よろしくお願いいたします。

サクセス編集室お問い合わせ先

TEL : 03-5939-7928　　FAX : 03-5939-6014

高校受験ガイドブック 2016⑧サクセス 15

発行　2016 年 7 月 15 日　初版第一刷発行
発行所　株式会社グローバル教育出版
〒 101-0047 東京都千代田区内神田 2-4-2
ＴＥＬ　03-3253-5944
ＦＡＸ　03-3253-5945
http://success.waseda-ac.net
e-mail　success15@g-ap.com
郵便振替口座番号　00130-3-779535
編集　サクセス編集室
編集協力　株式会社 早稲田アカデミー